dtv

W0056686

Pan wurde von Euripides göttlich genannt, doch auf dem Olymp war er nie heimisch. Der Gott der Wildnis erscheint in der Mittagshitze, der antiken Geisterstunde – daher die panische Angst. Er ist ein Einzelgänger, Freund und Schrecken der Hirten, irrlichternd, seine Gestalt wandelte sich vom Ziegenbock zum menschengestaltigen Gott mit kaum noch erkennbaren Hörnern, doch in der antiken Götterwelt blieb er immer ein Fremder und für die Menschen ein Symbol der Natur in ihrer Unberechenbarkeit und Schönheit. Pan steht am Ursprung des Lebens. Für Hans Walter ist er das Geschlecht selbst, kein Gott der Erotik oder der Sexualität. Seine anthropologische Frage lautet: »Was hat der Mensch erfahren, daß Gott ihm so erscheint?« Der Pan-Gedanke ist der Menschheit eng verwoben, das rechtfertigt auch die Frage nach seiner Wiederkehr. »Pan braucht kein Arkadien, keinen Ort. Wenn wir dem Geschlecht das Geständnis des letztlich doch Unerklärbaren machen, kann Pan wiederkehren – als offenbares Geheimnis einer vermeintlich aufgeklärten Welt.«

Hans Walter (1920–2001), Professor der klassischen Archäologie, lehrte in München und Salzburg und leitete die Ausgrabungen im Heraion von Samos und auf Ägina. Zahlreiche Veröffentlichungen über Kunst, Kultur, Mythologie und Ausgrabung. Für ›Pans Wiederkehr‹ wurde er in den PEN-Club aufgenommen.

Hans Walter

Pans Wiederkehr

Der Gott der griechischen Wildnis

Deutscher Taschenbuch Verlag

Hans Walter erlebte die Neuausgabe von ›Pans Wiederkehr‹, der er mit großer Freude entgegengesehen hatte, nicht mehr. Er starb am 5. März 2001.

Juni 2001
© 2001 Deutscher Taschenbuch Verlag GmbH & Co. KG,
München
www.dtv.de
Überarbeitete Neuausgabe des erstmals 1980 im
R. Piper & Co Verlag, München, erschienenen Buches
Umschlagkonzept: Balk & Brumshagen
Satz: KCS GmbH, Buchholz/Hamburg
Druck und Bindung: C. H. Beck'sche Buchdruckerei, Nördlingen
Gedruckt auf säurefreiem, chlorfrei gebleichtem Papier
Printed in Germany · ISBN 3-423-30811-7

Inhalt

Pans Wiederkehr – ist er denn verschwunden? War er nicht
Thema auch neuzeitlicher Maler – eines Picasso? Die arkadische Sache hat viele bewegt. Noch heute hört man Wan-
derer sagen, auf einsamen Pfaden in Arkadien sei ihnen, im
Dunstschleier zwischen Wirklichkeit und Phantasie, Pan
begegnet. Und wenn seine Wiederkehr wahr werden sollte: wo ist sein Land? Die Wildnis ist eine seltene Insel geworden im Meer der Städte, Vorstädte und Straßen. Aber
kann der Pan der Griechen, der mehr war als eine Gestalt
des Mythos und der Poesie, wiederkehren? Das Buch ver-
sucht seine Gestalt vorzustellen und zu sagen, was er den
Griechen war, um auf die Frage nach seiner Wiederkehr
eine Antwort zu geben.

1 Pan hält Ausschau. 460 v. Chr.

Pan ist sein Name. Die Götter haben ihn so genannt, nicht die Menschen. Euripides nennt ihn ausdrücklich »göttlicher Pan«. Das Zeugnis des Dichters wird noch erhöht, wenn der Chor im ›Agamemnon‹ des Aischylos Pan vor Zeus nennt. Dennoch haben die Griechen ihm nicht den Rang eines olympischen Gottes gegeben. Der Ziegenfüßige mit dem Ziegenschwanz, dem Bockskopf und den Hörnern auf niedriger Stirn (Abb. 1, 2), dessen animalische Züge Gestalt und Wesen bestimmt haben, konnte im Olymp nicht heimisch werden. Aber in der Wildnis, aus der seine Kräfte stammen, in einem Reich jenseits der Ackergrenze, wo der Wildwuchs beginnt, wo die Fülle und die Öde ne-

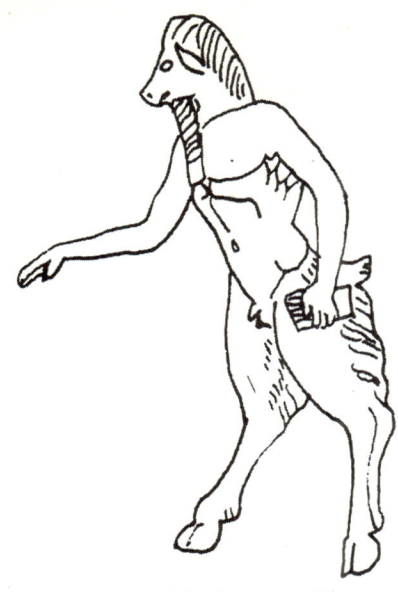

2 Pan mit Syrinx. 480 v. Chr.   *3 Bock. 7. Jh. v. Chr.*

beneinander bestehen und allein die Macht der Natur wal-
tet, dort war er die mächtigste Erscheinung unter allen Wesen, welche die Wildnis bewohnen.

Der Glaube der Griechen kannte ein vielgestaltiges
Bocksvolk, das die Natur bevölkerte (Abb. 3). Als Böcke
vermummt (Abb. 4), tanzten Menschen die Fruchtbarkeitstänze oder standen als Bocks-Chor auf der Bühne.
Bekannt sind die peloponnesischen Bocks-Chöre, in denen bocksartige Dämonen auftraten. Böcke nahmen teil an
mythischen Ereignissen in der Natur oder waren Mitspie-
ler auf der Bühne bei Persephone-Kores Wiederkehr aus
der Unterwelt oder bei Aphrodites Geburt (Abb. 5, 6). Die
Bildner haben nicht unterschieden zwischen echten und
verkleideten Böcken. Der Name Pan wird auf die meisten

4 Tanzende Böcke. 8. Jh. v. Chr.

solcher Wesen zutreffen. Dieses Buch aber gilt nicht den
Bockswesen oder Panen, sondern dem Einzelgänger Pan,
dem Sohn eines Gottes und einer Nymphe.

Es hat seinen guten Grund, dem Pan der römischen Zeit
den Rücken zu kehren und nur von dem der alten Zeit zu
reden, der nichts bedeutet – sondern der *ist.* Man weiß es
ganz genau, wann seine Zeit vorüber war: im Jahr 41 v. Chr.,
als der römische Dichter Vergil Arkadien entdeckte.

Wie alle großen und niederen Gottheiten hatte auch Pan
Eltern. Als der Gott Hermes einmal nach Arkadien kam
und als Schafhirt in die Dienste eines Mannes trat, so berichtet der Hymnus auf Pan, verliebte er sich in eine Nymphe, die Nymphe des Dryops. Wahrscheinlich war
Dryops auch sein Dienstherr. Ein Kind wurde geboren,
seltsam im Aussehen: ziegenfüßig und doppelt gehörnt,
ein lärmendes und lachendes Bockskind. Und als die Mutter den wunderlichen Sohn mit dem wilden, bärtigen Ge-

5 Persephones Wiederkehr aus der Unterwelt.
Hermes und der Bockschor. 440 v. Chr.

6 Geburt der Aphrodite. Tanzende Böcke. 470 v. Chr.

sicht und den behaarten Ziegenbeinen sah, erschrak sie heftig und ließ das Kind im Stich. Da nahm sich Hermes seines Sohnes an, wickelte ihn in dicke Hasenfelle und begab sich auf den Olymp, um den Neugeborenen den versammelten Göttern vorzustellen. Und es erhob sich ringsum »seliges« Gelächter, und alle freuten sich über das sonderbare Götterkind, am meisten Dionysos, und sie nannten es Pan.

Der Mythos weiß noch von anderen Vätern und Müttern des Pan zu berichten: er nennt ihn Sohn des Apollon und der Nymphe Penelope, des Zeus und der Kallisto, des Kronos und der Rhea und anderer Eltern. Nach einer dunklen Überlieferung soll er Sproß eines arkadischen Hirten Krathis und einer Ziege gewesen sein. Und so hatte Pan auch verschiedene Namen: jeweils nach dem Vatersnamen hieß er Titanopan als Sohn des Titanen Kronos, Diopan als Sohn des Zeus, Aigipan, das heißt Ziegenpan, nach seiner Mutter und seiner Gestalt. Die meisten Quellen bezeugen mütterlicherseits seine nymphische Herkunft. So verschieden sein Ursprung im Mythos auch ist, es steckt darin kein Widerspruch. Die Geschichte strebt nach Genauigkeit der Angaben, dem Mythos ist diese Art der Genauigkeit fremd. Eine mythische Ahnenreihe, ob sie örtlich festgelegt ist oder von Dichtern und Philosophen ausgesprochen wurde, ist weder willkürlich noch subjektiv; ein tiefer Sinn liegt darin: gleichgültig, ob von Anfang an oder erst im Laufe der Zeit verschiedene Ursprünge mit einem göttlichen Wesen verbunden worden sind, ein griechischer Gott ist eine Einheit in der Fülle, die, freilich nicht nur, in der Vielfalt seiner Abkunft angelegt ist. Pan ist das Bockswesen von göttlichem Rang, das sich über die anderen erhebt.

Unter allen Fragen, die ein Phänomen angehen, gibt es keine lästigere als jene nach dem Ursprung. Der Anfang ist dunkel. Die Griechen im ersten Jahrtausend v. Chr. haben von ihren »Vorfahren« manche mythischen Wesen übernommen, wie die Sprache auch. Wie sollte es denn anders gewesen sein: Stämme haben sich am Ende des zweiten Jahrtausends in Griechenland verschoben, doch das Volk hat nicht gewechselt. Bald nach der Jahrtausendwende haben die Griechen in einem geistigen Schöpfungsakt den Ursprung ihrer Götter bestimmt. Ein vokalisch-betonter Eigenname verdrängte den »konsonantischen«. Die Götter wurden als Personen und Individuen eingegrenzt, sie bekamen einen Aufgabenbereich und eine Lebensgeschichte zugesprochen. In diesem Prozeß wurden die alten Götter zu Göttern der Zeusreligion. Man muß den Geist verstehen, der nicht nur altertümliche Elemente – im Bildwerk und in der Sprache – mit sich trägt, sondern in ein altes Motiv, in eine alte Form fährt und sie sinnverwandelt. Der Wortklang war es, der ein altes Wort umformte und die neue Gestalt mitschuf. Das Erbe verging nicht, aber eine neue Bewußtseinsstufe setzte an. Und mit ihr der Drang, allen Wesen einen festen Namen und eine tätige Gestalt zu geben. Name und Gestalt gehören zusammen. Ehe der Name sich einstellt, muß er in der Vorstellung bildhaft schon dagewesen sein. Es kann nicht umgekehrt sein. Und einmal muß das Auge des Menschen von dieser Gestalt getroffen worden sein, daß er sagte: das ist Pan.

Welche hörnergestaltigen Wesen als Pans Ahnen in der Vorzeit auch vorausgegangen sein mögen, in denen Menschen einen dem Pan ähnlichen Dämon verstanden haben: Pan ist Gott im ersten Jahrtausend geworden, als er den vokalklingenden Namen und einen Stammbaum bekam. Auch Pan mußte Eltern haben und geboren werden; denn keiner der griechischen Götter war von Anfang an, keiner ist aus sich geworden. Alle waren sie Sohn oder Tochter einer Mutter oder eines Vaters oder beider Kind.

Als die im Olymp versammelten Götter dem wundersamen Gast den Namen Pan zuriefen, war er eine Person mit Umriß, nicht nur ein Glied unter den namenlosen Bockswesen. Was der Name bedeutet? Die gelehrte Forschung hat erwogen, mit Pan sei das All gemeint; tatsächlich ist Pan später mit dem Weltall gleichgesetzt worden: aber All müßte heißen to pan. Eine andere Auslegung, Pan – weil alle Götter an ihm Gefallen fanden, ist kaum richtig. Páscho ich weide: ein Weider und Hüter wäre er demnach. Als die Götter im Olymp Pan begrüßten, stand vor ihnen ein Bockswesen, der Ziege ähnlich, und so mußten sie ihn als Weider und Hüter der Ziegen erkennen und ihn Pan nennen (Abb. 7). Daß sein Name so völlig zu seinem Tun paßt, ist nicht außergewöhnlich. »Ai! Ai! Wer hätte das gedacht, daß mein Name Aias so wortwörtlich paßt zu meinem Leid?« ruft Aias im sophokleischen Drama.

Pan ist der Gott »von da draußen«. Wenn der Grieche sagte: am Rand des Ackers, am Rand des Schlachtfeldes, am Ende der Insel, an der Grenze der Welt, am äußersten Ende – für alles, was fern, auswärts, abseits liegt, nahm er das Wort to és-chaton. Es-chatiá ist das Land »da draußen«, ist die Wildnis der frühen Griechen. Fern der menschlichen Behausungen, der Dörfer und Städte, der Gärten und des bebauten Landes liegt die Wildnis, im unbebauten Gebiet: wo kein Pflug geht, keine Hacke den Boden umwendet, die Wiese ungemäht bleibt, wo weder gesät noch geerntet wird; wo die Natur sich selbst überlassen ist, die Vegetation ohne Zutun des Menschen wuchert; die Tiere sich ungehemmt vermehren. Wo über Werden und Vergehen nicht entschieden wird.

Die Wildnis der Griechen ist weder ausgezehrtes Ödland noch das undurchdringliche Dickicht des Urwaldes, wo alles wogt und quillt von Leben; auch keine dunkle, verschlossene, sondern eine offene Landschaft: ist Brach-

7 Ziegenbock und Pan mit Hirtenstock. 450 v. Chr.

land und unverbrauchter Boden, mit dichtem Baumwuchs
und saftigen Bergwiesen; sie hat kahle Flächen und felsige
Kämme, Grotten und Höhlen, einsame Gestade, Sümpfe
und Bäche und Quellen; unbezwingliches Wachstum, wo
neben Disteln heilende Kräuter aufgehen.

Pans Reich sind nicht Demeters Fluren. Wo die Ackergrenze verläuft, beginnt das Land der Göttin. Sie ist Her-
rin, wo der Landmann die Felder bestellt, sein Haus und
sein Dorf liegen. Sie hat die Menschen den Ackerbau ge-
lehrt. Ihr Segen gilt der Arbeit des Bauern, dem gepflügten
Boden, der Saat und dem Wachstum der Erdfrucht. Auf
»heiliger Tenne« scheidet die »Kornmutter«, wie Demeter
auch genannt wird, zur Erntezeit »unter dem Druck der

wehenden Winde Frucht und Spreu«, heißt es in Homers ›Ilias‹. Der Ackerbau beruht auf dem seßhaften Leben und verlangt eine Ordnung, die an den stets wiederkehrenden Rhythmus der Natur gebunden ist. Gleich anderen Gottheiten war Demeter Erbin der Eigenschaften einer als Fruchtbarkeits- und Muttergöttin verehrten Naturgottheit. Sie ist Mutter in zweifacher Hinsicht: mütterliche Erde und Mutter der Kore-Persephone; Kore, das heißt Tochter der Mutter. Die Kornmutter und das Kornmädchen gehören zusammen wie die Ähre und das Samenkorn. Und als Kore von Hades gewaltsam in die Unterwelt entführt wurde, »traf das Leid wie ein Stachel ins Herz der Mutter« (Demeter-Hymnus). Demeter legte schwarze Kleider an und irrte über die Erde, um Kore zu suchen. Am neunten Tag setzte sie sich unerkannt in Gestalt einer uralten Frau am Parthenonbrunnen in Eleusis nieder. Und über das Land ging ein grausiges Jahr: Dürre kam, die Vegetation schwand, kein Samen ging im Boden auf, alles, was die Erde hervorbrachte, erstarb. Erst als die Tochter wieder mit der Mutter vereint war, erwachte die Natur von neuem, und das Wachstum kehrte wieder. In einer Grotte Elaion, nicht weit von Phigalia, wurde die Schwarze Demeter verehrt, die sich aus Trauer über den Raub der Tochter in die Grotte zurückgezogen hatte. Niemand kannte ihren Aufenthaltsort. Pan entdeckte sie im schwarzen Gewand und teilte es Zeus mit. Der schickte die Moiren zu ihr, die sie überredeten, der Trauer zu entsagen. Der Kreislauf der Natur ist mit der verschwindenden und wiederkehrenden Persephone verbunden und gehört zum Ackerbau. Pan ist nicht in diesen Rhythmus eingebunden. Es gibt eine Darstellung von Kores Aufstieg aus der Unterwelt an die Oberwelt, die als tieferen Inhalt die Rückkehr zur Mutter hat (Abb. 8): Die Erde hat sich geöffnet und Kore-Persephone steigt aus der Erdtiefe ans Licht. Der

8 Persephones Wiederkehr aus der Unterwelt.
Hermes, Hekate, Demeter. 440 v. Chr.

Wegführer Hermes ist zur Seite getreten; Hekate, die mit
der Fackel Demeter auf dem langen Weg der Suche beglei-
tet hatte, tritt zurück – die Mutter allein ist der Bezug zur
erscheinenden Tochter.

Von Demeter kommt alles Wachstum der Erde und der
Früchte, auch das Wachstum des Menschen im Mutter-
schoß. Und die tiefe Wahrheit, daß alles neue Leben aus der
Tiefe aufsteigt, von den Unterirdischen aus dem Erden-
schoß quillt, diese Einsicht gehört zu ihrem Kult. Demeter ist mit Eleusis verbunden, in dessen Mysterienkult altes Wissen um die Geheimnisse der Fruchtbarkeit, des
Lebens und des Todes weitergegeben wird; ein Mysterium,
das hoch in die Jahrtausende zurückreicht. So erscheint Demeter als die reife, mütterliche Frau mit der Ähre, dem
Fruchtzeichen des Ackerbaus, im Kult mit einem Korb, der
die geheimnisvollen Gegenstände der Einweihung enthält.

9 Kopf eines Löwen. 630 v. Chr.

Es ist eine Eigenart der Wildnis, daß in ihr keine Marksteine stehen, die das Gebiet aufteilen; keine gangbaren Wege, die zu bestimmten Orten führen. Dort, wo es keine Geschichte und keine Zeiteinteilung gibt, die Pfade ziellos laufen – da ist der geschichtslose, weglos streifende Pan zu Hause. Der Dichter Pindar spricht von »heilig unbetretbaren Räumen« – da ist die Wildnis gemeint: geheiligter Boden, Reich des Pan und der Dämonen; Weideland, das die Hirten mit ihren Herden und die Jäger durchstreifen. Hirten und Jäger kennen die Wildnis, ihren verschwenderischen Reichtum und ihre Öde, die Gefahren und ihre beängstigende Stille: sie wissen, was es heißt, in der Wildnis zu sein. Sie, die am meisten die animalischen Urkräfte der Wildnis erfahren haben, erkannten Pan als den Träger der zeugenden Kraft.

In der griechischen Wildnis hausen weder Hexen und Riesen des deutschen Waldes noch Berggeister oder Gespenster, die in der Dämmerung umgehen. Es ist das Reich wilder Tiere, schlimmer Unholde und phantastischer Wesen, die mit übermenschlichen Kräften ausgestattet sind, seien sie zerstörerischer oder fördernder Natur. Es läßt sich kein Ort denken, der dichter mit solchen Tieren und Dämonen bevölkert ist als die Wildnis – ein Ort voller Gefahren, aber voll Weisheit und Geheimnis.

Wie die Wildnis zum bebauten Land, so stehen die Tiere und Mächte zum Menschen. Im Löwengesicht aus einer inselgriechischen Werkstatt (Abb. 9) ist die Macht der Wildnis versammelt; es gleicht einer Tier-Landschaft mit dichtem hügeligen Relief, es birgt zwei Höhlen, darin unerratbare Augen stehen und ein Blick, der aus einer unergründbaren Tiefe kommt. Das Auge war den frühen Griechen etwas Besonderes. Unter den Worten, die Homer gebraucht, um das Sehen auszudrücken, ist keines, das die physiologische Tätigkeit des Auges bezeichnet. In den griechischen Worten ist immer eine Eigenschaft enthalten wie Staunen, Leuchten, Drohen. Es kam auf den Ausdruck des Auges an, nicht auf das Sehen. Und so kann von dem Löwenkopf gesagt werden, daß er, im frühgriechischen Sinne, »Feuer blickt«. Der Löwenkopf stammt freilich aus einer Zeit, in der die Phantasie und das Erleben solcher Wesen besonders stark waren.

Bilder aus der Wildnis: Die stärksten Darstellungen der Wildnisvorgänge gehören dem siebten Jahrhundert an. Eine Tierszene auf einem Tongefäß: zwei Löwen schlagen ein Reh (Abb. 10), das mit ergreifender Tiergebärde den Kopf in großem Bogen flehend zurückbäumt zu einem der Angreifer. »Tiertragödie«, die herüberreicht zu Franz Marcs »Tierschicksal«, wo Tiere vor unsichtbaren Gegnern fliehen. Eine andere Szene (Abb. 11): die wildesten und stärk-

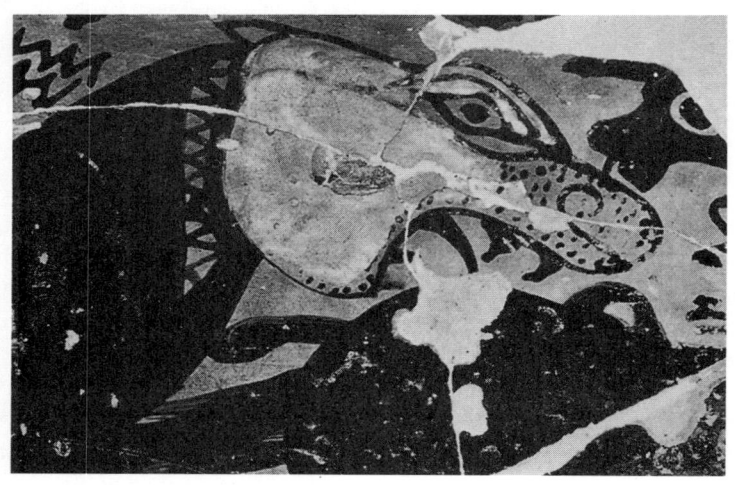

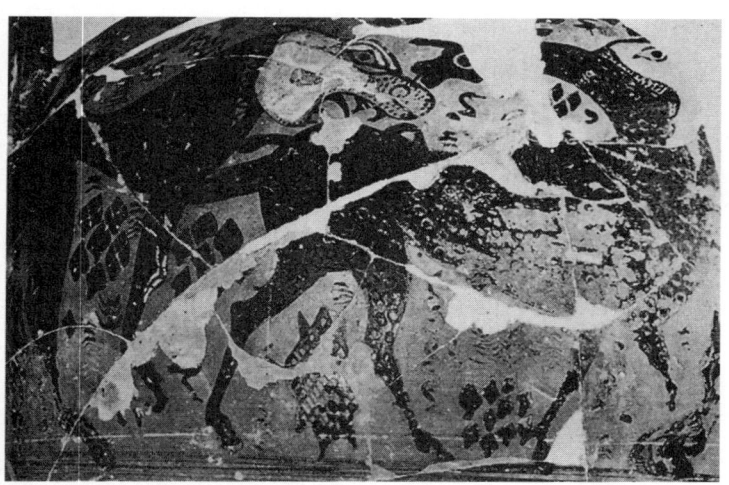

10 *Zwei Löwen fallen ein Reh an. 670 v. Chr.*

11 Löwe und Eber. 670 v. Chr.

sten Tiere der Wildnis, ein Eber und ein Löwe, stehen sich gegenüber. Der Eber mit aufgestellter Borstenmähne bricht aus dem Dickicht, der Löwe hat den Keiler gestellt. In der Wildnis besteht kein Recht. Allein die Gesetze der Natur gelten hier uneingeschränkt.

Was ist mit solchen Tierbildern gemeint, die auf Gefäßen, Geräten, an Bauten erscheinen? Tierverehrung, Tierkult, eine dramatische Schilderung oder bloß dekorativer Schmuck? Eine andere Frage ist, ob es überhaupt Löwen in Griechenland gab – sie liegt im Interesse eines anderen Forschungszweigs. Die Tiere sind nicht Tiere des Geheges oder der freien Wildbahn. Der Grieche sieht die Löwen als elementare Naturgewalten, denen nicht nur die schwächeren Tiere, sondern auch der Mensch ausgesetzt ist. Löwen stehen im Rang von mythischen Wesen wie die Ker, die Sphinx, die Sirene ... Der Löwe in der Höhle von Nemea, von Herakles bezwungen, gehörte nicht nur zu den niederen Naturwesen, er wurde geboren als Kind urweltlicher Gestalten: seine Mutter war das Ungeheuer Echidna, ein

23

12 *Hockende Keren. Krieger ziehen in den Kampf. 690 v. Chr.*

Mischwesen aus Weib und Schlange, sein Vater war Or-
thros, der furchtbare Wachhund des dreileibigen Geryo-
neus.

Ein zweites: die frühen Griechen besaßen die Fähigkeit,
menschliches und tierisches Verhalten zu erkennen und zu-
sammenzusehen. Wenn Homer von zwei Kriegern sagt: wie
ein Löwe mit grimmiger Wut und ein Eber mit unbezwing-
licher Stärke stürzen sie sich aufeinander, dann *sind* die
Krieger Löwe und Eber. Der Löwe, der Eber und andere
Tiere waren Träger bestimmter Verhaltensweisen des Krie-
gers, nur sie konnten es sein, denn ihr Wesen ist unverän-
derlich, der Löwe ist immer ein Löwe und das Schaf ist immer ein Schaf, der Mensch wechselt beständig. Als der
König Adrastos von Argos am Orakel in Delphi anfragte,
wem er seine Töchter geben solle, lautete der delphische
Spruch: »Ein Eber und ein Löwe soll es sein.« In Tydeus

13 Hockende Sphinx. 630 v. Chr.

und Polyneikes, die nachts vor dem Königspalast stritten, erkannte Adrastos die beiden Tiere in Apollons rätselhaftem Seherwort (Euripides, Die bittflehenden Mütter).

In der Wildnis hausen viele mythische Wesen. Da sind die Keren, zähneknirschende und furchtbar blickende Ungeheuer, die ihre Krallen in das Fleisch des Verwundeten oder Gefallenen graben. Sie folgen dem Krieger in die Schlacht (Abb. 12), saugen ihm das Blut aus den Adern, wenn er gefallen ist, oder tragen ihn vom Schlachtfeld. Ein verwandtes Wesen ist die Sphinx (Abb. 13): ein Flügelwesen mit Löwenleib und Mädchenkopf, Schwester des Löwen. Ihre Eltern sind die zwei höllischen Ungeheuer Echidna und Orthos. Ausgestattet mit der Stärke des Löwen und der Weisheit der Wildnis kann sie ein mörderischer Dämon unter den Naturwesen sein. Als Rätselstellerin hockt sie auf dem Felsen vor Theben und fordert ihre

14 Greifenmutter säugt Jungtier. 630 v. Chr.

Opfer. Nur wem die Lösung gelingt, und wer wie Ödipus
in die Naturweisheit eingedrungen ist, zwingt die Sphinx
sich vom Felsen zu stürzen, und befreit die Stadt Theben
von dem Ungeheuer. Doch auch friedliche Bilder werden
in der Wildnis gesehen, wie der Greif, ein Mischwesen aus
Löwenkörper und Vogelkopf (Abb. 14). Da sitzt eine
Greifenmutter mit ihrem säugenden Jungen, aber das Be-
drohliche und Wachsame hat sie nicht abgelegt.

Auf den Bergen und in den Wäldern hausen die wilden
und dumpfen Kentauren, halb Pferd, halb Mensch. Sinn-
lose Trunkenheit und ausfälliges Benehmen gehören zu
ihren Umgangssitten, wenn sie in die menschliche Gesellschaft kommen. Herakles, Theseus und der Bergstamm
der Lapithen, unter ihren Anführern Peirithoos und Kaineus, müssen schwere Kämpfe mit den Waldteufeln beste-

15 *Kentauren schlagen den unverwundbaren Kaineus in die Erde. 630 v. Chr.*

hen. Den unverwundbaren Kaineus schlagen Kentauren mit Ästen in den Erdboden (Abb. 15).

In der Wildnis sind viele Göttersöhne aufgezogen worden. Nymphen auf dem Berg Nysa waren die Ammen des Dionysos, als er, zum zweiten Mal aus Zeus' Schenkel geboren, nach Nysa gebracht wurde. Nymphen haben viele Kinder in Pflege genommen – und waren selbst Mütter von Götterkindern. Der große Erzieher und Lehrer war der edle Kentaur Chiron (Abb. 16), der in einer Höhle unter dem Gipfel des Pelion lebte und lehrte. Der Pelion liegt in der Wildnis. Chiron war der einzige vergeistigte unter den Roßmenschen, er allein hatte teil an der Weisheit der Natur und wußte um geheime Kräfte. Es wird von ihm gesagt, daß er klug und gerecht sei. Chiron war in der Musik und Jagd erfahren; er besaß die Kenntnis der heilkräftigen Kräuter und die Gabe der Weissagung. Der Schüler Apollons war Lehrer des Heilgottes Asklepios und der Ärzte Machaon und Podaleirios. Griechenhelden vor Troja wie Achilleus (Abb. 16), Palamedes, Diomedes, der Argonautenführer Jason und andere waren seine Zöglinge. Er hat

27

16 Peleus bringt seinen Sohn Achilleus zum Kentauren Chiron. 510 v. Chr.

sie auf ihre zukünftigen Aufgaben vorbereitet. Von den Kentauren war Chiron allein unsterblich, bis er seine Unsterblichkeit in edlem Verzicht dem leidenden Prometheus überließ, um ihn zu erlösen.

In der Wildnis, dem an Kräften reichsten Gebiet, hausen behaarte oder fellbekleidete Dämonen mit dickem Bauch und dickem Gesäß; die meisten hocken oder legen die Arme auf den speckfaltigen Bauch oder halten gierig ein Gefäß (Abb. 17). Leibesfülle bedeutet hier Lebensfülle und Fruchtbarkeit. Diese seltsamen Dicklinge sind tänzerische Wesen (Abb. 18), die in allen möglichen Verrenkungen und Verbiegungen der Körperteile Fruchtbarkeitstänze vollführen. Den »Dickbauchtänzern« nahverwandt sind die nichtsnutzigen und tolpatschigen Satyrn, die mit den Nymphen verschwistert sind (Abb. 40).

Von den Naturgeistern waren der Hirte, der Jäger, der Fischer und der Landmann stärker abhängig als von den Göttern der Zeusreligion. Von ihrem fruchtbaren Wirken hatten sie im Alltag am meisten Nutzen. Und weil in der Frühzeit die Nähe des Menschen zu den Naturwesen und wilden Tieren am stärksten war, waren auch die Gefahren

17 Fruchtbarkeitsdämon mit dem Weinkessel. 570 v. Chr.

am größten. Man versteht die Bedeutung der Wildniswesen im Leben der Griechen, wenn man sich bewußt macht,
daß sie zum Glauben vor allem der älteren Zeit gehören.

Das Denken der Griechen war noetisch. Begründet
wurde es im frühen ersten Jahrtausend. Noesis heißt ein
auf die Phänomene gerichtetes und sie durchdringendes
Schauen. Auf dem Weg des phänomenologischen Denkens
erkannten sie im Kosmos und im Menschen Seinsbereiche.
In diese Seinsbereiche haben sie die Götter als mächtige
Personen eingeführt. Auf ihrer Existenz beruht die Ordnung der Welt, denn sie umschlossen alle Möglichkeiten
menschlichen Seins und Verhaltens. Jeder der Götter hatte in der Welt sein Wirkfeld, und alle zusammen machen
den Menschen- und Naturbereich aus.

18 Tanzende Fruchtbarkeitsdämonen. 580 v. Chr.

Aber jenen Bestandteil der Welt und die dunklen Vorgänge in ihr, die sich in der Zeusreligion nicht in das Licht der Erkenntnis heben ließen, also das, was durch Verstand und Vernunft nicht aufzulösen ist – im Wirken der elementaren Mächte und der Naturwesen glaubten sie es zu begreifen. Und wenn nicht ein Gott oder alter Geschlechterfluch die Ursache von Drangsalen und unbegreiflichen Eingriffen im Leben waren, dann waren Mächte der Wildnis mit Gestalt und Namen am Werk.

Das Reich des Zeus ist ein Reich der Ordnung, des Maßes und des Rechts. Aber es gehört zur Einsicht der Griechen, daß die Welt sich nicht nur durch die geordneten Bereiche der Götter der Zeusreligion begreifen läßt, daß auch das Unbegrenzte, Ungeordnete besteht. Denn die griechische Religion ist nicht die Zeusreligion oder der Glaube an die Wildnisgeister allein, sondern beides zusammen. Der Gegensatz, der zwischen ihnen besteht, kann zwar nicht aufgehoben werden; aber sie können einander nicht entbehren, so wenig sie gleichzusetzen sind.

Die Dämonen der Wildnis sind wie das wilde Wachstum

nicht an Grenzen gebunden. Aber gerade das Grenzenlose, das keinen faßbaren Umriß kennt, und alles, was das Maß überschreitet, wie der Frevel, die Hybris, sind der Zeusreligion fremd. Ares, der Kriegsgott, »der nur den Krieg und das wilde Schlachtengetümmel im Sinn hat«, ist selbst den Göttern einer der Verhaßtesten. Und während die Macht der oberen Götter begrenzt ist und der Kreis, den Moira, die Göttin des Schicksals, gezogen hat, auch ihnen gilt, kennen die unteren Mächte und die der Wildnis solche Grenzen nicht. Selbst Göttermacht muß sie gewähren lassen: in der dramatischen Schlußszene der »Eumeniden« des Aischylos hat Athena mit Bitten erreicht, daß die Erinyen, Rächerinnen der menschlichen Schuld, die ihren Sitz im Dunkel der Unterwelt haben, von der Rache an Orest ablassen und als segenspendende Eumeniden ihren Sitz am Areopag nehmen, der alten Gerichtsstätte in Athen.

»Pan ist der Gott Arkadiens«, sagt der römische Dichter Vergil: Pan und Arkadien gehören zusammen. Was wäre Arkadien ohne Pan? Aber ist es der Pan, den der Dichter Pindar über Arkadien waltend nennt, der Hüter »heiliger unbetretbarer Räume«, den der Chor im ›Aias‹ des Sophokles vom schneegepeitschten kyllenischen Gebirge in Arkadien herbeirief? Ist es noch der alte Pan, den Vergil mit Nachdruck den Arkader nennt? Von Arkadien ging Pan aus, aber nicht von dem Arkadien Vergils, auch nicht von dem Hirtenland des Dichters Theokrit.

Arkadien, wo sich unsere Träume ein Stelldichein geben – »Et in Arcadia ego« (auch ich in Arkadien): der schön klingende Name Arkadien, gepriesenes Land des einfachen Lebens und des vollkommenen Glücks; Traumland, Ersatz für verlorenes Paradies – so ging es in die abendländische Dichtung ein. Das ist nicht das ursprüngliche Arkadien!

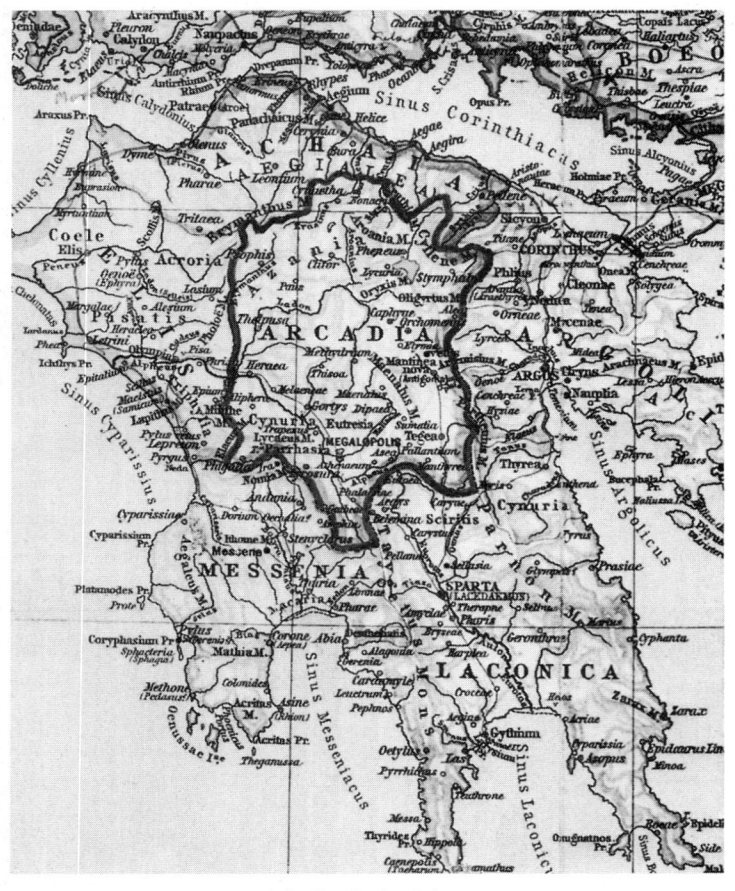

19 Arkadien in der Peloponnes

Arkadien ist ein rauhes, hochgelegenes und schwer zugängliches Weide- und Bergland, mitten in der Peloponnes, das von hohen Randgebirgen eingeschlossen ist und nirgends das Meer berührt (Abb. 19). Es hat viele Berge und Hügel mit schwer zugänglichen Hochtälern (Abb. 20, 21). Man schaut hinunter über Hügelketten, in eingesenk-

20 *Arkadische Landschaft Karýtaena und die Schlucht des Alpheios*

21 *Arkadische Landschaft. Blick auf das Kotilion-Massiv bei Phigalia*

te Beckenlandschaften und über sie hinaus gegen steile Kämme hin. Hirtenpfade verlaufen irgendwo und enden im Unbegangenen; an den weglosen Hängen ziehen die Herden; Tiere strecken und dehnen sich; Hirtenhundegebell. Wälder gibt es, fruchtbare Landstriche und wiesige Gründe; Schluchten, Quellen und Bäche und von Bergen umgebene Binnensenken, in denen das Wasser versumpft, weil es keinen Abfluß findet; »Faulfeld« heißt danach die sumpfige Ebene bei Mantinea. Es gibt Ackerland, doch ist es schwer zu bebauen.

Hier lebte der Volksstamm der Arkader, deren hochaltertümliche Sprache, Kultur und Lebensform sich länger und reiner hielt als anderswo. Die Arkader galten als ein pelasgisches Urvolk, und nach einer einheimischen Sage soll die Erde selbst den Urahnen Pelasgos als ersten Menschen geboren haben.

Der Historiker Polybios, Arkadiens berühmtester Sohn, nennt seine Heimat ein karges, felsiges und armes Land, mit rauhem Klima, ohne Annehmlichkeiten, wo die Menschen sich plagen müssen in einem Dasein voll Mühsal. Er preist die Frömmigkeit und die Musikliebe seiner Landsleute: um die Härte und Wildheit der Natur zu mildern, pflegen sie die Musik, den Tanz und den Wettgesang. Bräuche sind dem Menschen nützlich, den Arkadern aber sind sie eine Notwendigkeit, um das Herbe des Gemüts zu beeinflussen. Jahrhunderte sind seit dem Altertum vergangen, Arkadien hat sich kaum verändert. Und die Leute sind wie einst Hirten, Jäger und Kleinbauern und angewiesen auf den Reichtum und die Fruchtbarkeit der Herden.

In dem abgeschlossenen Arkadien mit seinen Menschen, die nur geringe Verbindung nach außen hatten, ist Pan in seinem Ursprung zu verstehen. Gerade hier war er der Sohn des Hermes, der selbst in seinen ältesten Schichten ein ehrwürdiger, phallischer Fruchtbarkeitsspender war. Und in dieser seiner Heimat war Pan, ähnlich Hermes, ein Gott der Hirten, Herden und Jäger, der mit Hermes und den Nymphen Gemeinschaft hält oder mit der Schalmei den Chor der Nymphen anführt.

Wie sieht ein Tag im Leben des Pan aus, dieser größten Gestalt der Wildnis? Der Pan-Hymnus schildert sein Tagwerk: es ist das eines ruhelos, ziellos, absichtslos Schweifenden, der in allen Schluchten auf allen Gipfeln zu Hause ist und geschäftig von Kamm zu Kamm eilt. Kein Grat ist ihm zu schmal; eine felsige Steige, jede schneebedeckte Kuppe begeht er mühelos und klettert auf spitzen Felsen und im Geklüft, wo nie eine Ziege Fuß faßt. Bald streift er hier, bald dort durch dichtes Laubwerk, besteigt die Kämme der Berge, um »Ausschau« zu halten über Hügelketten hinweg, und ist im nächsten Augenblick unten im Tal bei der Quelle, äugt oder jagt in den Schluchten das Wild. Er ist überall. Wenn es Abend wird, kehrt er heim in den Schatten seiner Höhle und bläst sich auf der Hirtenflöte ein Schlaflied. Und mit ihm singen und tanzen die Bergnymphen den Reigen.

Zur griechischen Landschaft gehört das Blau des Himmels, es gehört auch zu Pan; auf seinem Hintergrund zeichnet sich der Umriß des auf den Kämmen der Berge hin und her eilenden Gottes ab.

An seinem Tageslauf erkennt man, was für einer er ist, dieser Einzelgänger: ein nomadisch Schweifender, Spähender und Jagender, der alle Reviere der Wildnis kennt und überraschend auftaucht; der nichts vorhat und doch ständig getrieben ist, der die Geselligkeit liebt und doch der Einsamste der Götter ist; ein Müßiggänger, dem keine Stunde schlägt, der Freude hat an Musik und Tanz. Er wäre kein griechischer Gott, wenn er nicht teilhätte am Fröhlichsein.

Pan ist ein musikalisches Wesen. Von ihm sagt die Dichtung, daß »er schönere Weisen spielt als irgendein Vogel, der im Blütenmonat des Frühlings sein Klagelied im Gezweig flötet« (Pan-Hymnus). Er selber soll die Hirtenpfeife erfunden haben, die nach dem Hirtenmädchen Syrinx benannt ist, das vor ihm floh und auf eigenen Wunsch in ein Rohr verwandelt wurde. Aus Kummer darüber schnitt Pan das Rohr und verfertigte die Syrinx, indem er verschieden lange und verschieden tief geschnittene Pfeifen, von denen jede nur einen Ton erzeugt, mit Wachs und Flachs zusammenfügte. Er blies als erster die Syrinx. Noch im späten Altertum glaubten die Umwohner am Mainalosgebirge in Arkadien, die Weisen seines Syrinxrohres zu hören.

Warum hat jeder griechische Gott ein Ursprungsland? Rührt das noch vom zweiten Jahrtausend her, als die Stämme ihre eigene Gottheit verehrten? Oder wurde dem Gott im nachhinein ein Stammland gegeben? Daß jeder Gott eine Heimat haben mußte, von der er ausging, ist griechische Denkweise und gehört zum festen Umriß der Göttergestalt. So fallen alte Glaubensschichten und frühgriechische Vorstellung in eins zusammen. Nicht zufällig nennt die Überlieferung Hermes als Vater des Pan. Beide stammen vom selben Ort in Arkadien: die Kyllene, mit 2374 Metern der höchste Gipfel einer Bergkette, ist beider Geburtsstätte.

Arkadische Hirten haben Hermes als Helfer, Beschützer und Befruchter der Herden verehrt. So konnte er auch im halblangen Hirtenmantel und mit dem Filzhut erscheinen, ganz den Hirten ähnlich; nur der Botenstab, einst in seiner rechten Hand, bezeugt den Gott (Abb. 22). In solcher Gestalt war Hermes den Hirten und Bauern in Arkadien einer der ihren. Und wenn Hermes (mit Flügelschuhen und Flügelhut) das ihm geweihte Opfertier im Arm trägt (Abb. 23), dann ist darin wohl der Wunsch des Weihenden zu spüren, sich ausdrücklich des Gottes Gunst und Hilfe zu versichern.

22 *Hermes im Hirtengewand.*
470 v. Chr.

23 *Hermes trägt einen Widder.*
520 v. Chr.

Im Kult des griechischen Festlandes war Hermes ein bärtiger Fruchtbarkeitsdämon. Es war dies die ältere Form seiner Verehrung, die mit der des zweiten Jahrtausends verwandt ist. Aber die homerische Dichtung kennt ihn als Sohn des Zeus und der Nymphe Maja, als den jugendlichen flinken Diener und Boten des Zeus, den Gott der Wege, des Augenblicks und der Glücksfälle, der List und des Truges. Ein vielgewandter und nie verlegener Gott. Und nur entfernt klingen die altertümlichen Züge eines Vermehrers der Herden und Geleiter der Toten an. Die Dichtung und die bildende Kunst haben denn auch die chthonischen und die phallischen Seiten des Gottes ganz zurücktreten lassen und sich an den Gott der Wege gehalten. Der alte Dämon wurde Zeus unterstellt, wurde zum jugendlichen Götterboten, zum Sohn und Diener des Zeus. Aus dem Grabgott wurde der nächtliche Gott und Seelengeleiter; aus dem Fruchtbarkeitsgott der Hirten- und Herdenfreund, der Glücksbringer, der Freund und Buhle der Nymphen.

Pan hingegen hat seine Gestalt und seine Züge beibehalten; er blieb bocksköpfig, bocksbeinig und behaart. Die Zeichen seines Ursprungs trägt er durch die Jahrtausende: es sind die Züge der Tiere, die er beschützt, und als solcher ist er ein ausgesprochener Hirten- und Herdengott vom Ursprung her. Er blieb ein phallischer und hat sich nicht darüber erhoben, auch als ihn die bildende Kunst der Menschengestalt angenähert hat.

Im Revier des Pan hält sich der Hirt auf, dessen Freund und Schrecken er ist. Wie wurden in den frühen Jahrhunderten des ersten Jahrtausends die Hirten gesehen? Für Homer ist das Hirtenleben ein mühseliges. Von einem friedlichen, bukolischen Hirtendasein wußte die Frühzeit nichts. Sie kannte keine bukolische Landschaft. Landschaft war den frühen Griechen das Wirkfeld von elementaren Mächten. Die Umwelt des Hirten war die rauhe Natur und in ihr die wilden Tiere als Feinde der zahmen und wehrlosen. Aber das allein ist nicht das Besondere des frühen Hirtendaseins. Im Verhalten des Hirten zu seiner Herde, wenn wilde Tiere sie bedrohen, lernt man ihn bei Homer kennen. Der Hirt hat Angst, nicht um sein Leben, seine Sorge gilt der Herde, wenn Raubtiere einbrechen und morden. Er hält die ganze Nacht am Lagerfeuer Wache und wirft sich dem Löwen entgegen, wenn er kommt und die Ställe verwüstet. Der Ziegenhirt sieht schaudernd die Wetterwolke über dem Meer aufziehen und treibt die Ziegen in die Höhle. Das sind keine Szenen der sorglosen Schäferpoesie. Solche starken Bilder vom Hirten, der um seine Herde bangt vor der Gefahr reißender Tiere oder plötzlich einbrechender Naturgewalten, sind dem Dichter ein Gleichnis, das er in die Handlung einbezieht: »So sieht Agamemnon den Heerhaufen der beiden Aias herankommen.« Ein schreckliches Bild dem troischen Heerführer auf der gegnerischen Seite. Und wenn Homer den Heerführer charakterisiert, der vor der Schlachtreihe steht und als Vorkämpfer und Beschützer seiner Leute sich dem feindlichen Heerführer zum Zweikampf stellt, dann nennt er ihn »Hirten der Völker« und sagt: »Gleichwie der Hirte sich dem Löwen entgegenwirft, so tun es Aias, Agamemnon und andere Helden.« Hüter und Beschützer der Herden zu sein, das Leben einzusetzen, das gehört nicht bloß in dem einen oder anderen Fall dazu: der Einsatz und die Sorge um die Tiere macht den Hirten erst zum Hirten. Es ist verständlich, daß die Frühzeit, die den Mann überhaupt als Krieger sah, auch dem Hirten kriegerische Züge gab. Und eine Spur davon lebt, über alle Schäferpoesie hinweg, noch fort in Goethes ›Pandora‹, wenn der Hirt zum Schmied sagt: »Und wer kein Krieger ist, soll auch kein Hirte sein.« Von Mohammed ist die Forderung überliefert: »Keiner wird Prophet, der nicht zuvor ein Hirt war.« Der Hirt war stets etwas Besonderes. Hirten sind auch darin vor anderen ausgezeichnet, daß ihnen ein ahnungsvoller Sinn nachgesagt wird.

Den Bauernsohn Hesiod aus Askra in Böotien haben die Musen, als er an den Hängen des Musenberges Helikon die Schafe weidete, aus dem Kreis der Hirten ausgewählt und ihm die Gabe verliehen, zu künden vom Künftigen und Gewesenen. Er hat es dann nicht lassen können, die

Hirten »faules Lumpenpack« zu nennen. Er sah die Hirten eben im Gegensatz zum Sänger, der unter göttlichen Schutz gestellt ist, und zum Landmann, der sich abrackern muß, während die Hirten weder zu säen noch zu ernten brauchen in der Wildnis, die ihre Herden unablässig ernährt, und ein Hirtentag dem andern gleicht.

Selbst Königssöhne waren Hirten: Paris, Sohn des trojanischen Königs Priamos, war Kuhhirt auf dem Berg Ida, als sich ihm die drei Göttinnen Hera, Athena und Aphrodite zum Schiedsspruch um den Preis der Schönsten stellten (Abb. 61).

Die griechische Landschaft ist aufgeteilt nach Stämmen und, dem Charakter entsprechend, gegliedert in Götterlandschaften. Wie Zeus vornehmlich in Olympia und Dodona, Hera in Argos und auf Samos, Apollon in Delphi und auf Delos, Artemis in Brauron und in Ephesos, Athena in Athen verehrt wurden, so war Arkadien das Land des Pan. Von seinen vielen Kulten ist der arkadische der älteste und angesehenste. In Arkadien lagen auch die meisten Heiligtümer Pans. Auf dem 1420 Meter hohen Lykaion – von den Arkadern der »heilige Gipfel« genannt –, wo Zeus seit alters seinen Altar hatte, liegt unterhalb, in einem Hain von Bäumen, ein Heiligtum des Pan. Im nahen Lykosura hatte er Heiligtum und Kultbild: er soll dort Gebete und Missetaten bestraft haben. Heiligtümer gab es in Melpeia in den Nomiabergen im Südwesten Arkadiens, im Partheniongebirge, wo Pan dem Athener Philippides auf dem Weg nach Sparta erschienen ist; im Mainalosgebirge sei sein Hauptheiligtum gewesen, behaupten die Einwohner. Und natürlich hatte er eine Kultstätte an seinem Geburtsort in der Kyllene. Aber auch sonst in der Peloponnes und an vielen Orten auf dem Festland und auf den Inseln wurde Pan verehrt, wurden Kultstätten eingerichtet, ihm Statuen und Altäre aufgestellt und Votivtafeln aufgehängt.

24 Hirt mit einem Widder. 540 v. Chr.

Die eigentliche Stätte seiner Verehrung war die Höhle, wo der Hirt und die Herde oft Unterschlupf fanden. »Nahe dem Meer, sahen wir eine Grotte. Schafe, Ziegen und Kleinvieh schlief da in Menge«, heißt es in der ›Odyssee‹. Seit der älteren Steinzeit, als ein Hirt einen braunroten Bison an die Höhlenwand malte, war die Höhle ein numinoser Ort, bezeugt als eine Stätte des Kultes und der Riten. Hirten, Jäger und Kleinbauern brachten dorthin dem Pan ihre Gaben: einen Topf mit Milch, Käse oder wildem Honig, ein Lamm vom ersten Wurf oder ein Teil der Jagdbeu-

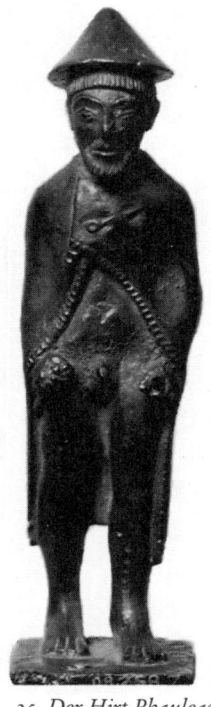 

25 Der Hirt Phauleas.
500 v. Chr.

26 Der Hirt Aineas mit Lamm
und Topf. 500 v. Chr.

te, oder was man gerade bei sich hatte, einen Hirtenstock,
ein Ränzel oder seine Flöte. Der Opfernde dankte dem
Gott (Abb. 24) für erfüllte Wünsche und verband damit
die Bitte um Fruchtbarkeit der Herden oder um einen guten Fang auch in Zukunft. Der Spender hat sich selbst im
Bildwerk dargebracht, mit einem Topf in der Hand, einem
Tier unterm Arm oder auf der Schulter. Manche haben ihren Namen genannt: »Phauleas hat dem Pan geweiht«
(Abb. 25), »Aineas dem Pan« (Abb. 26) steht auf der Basis
geschrieben. Die bronzenen Hirtenfiguren stammen alle

aus Arkadien, der Urheimat des Pan, und sind absichtlich von dort ausgewählt, weil sie in der Form die schlichte und kräftige Sprache arkadischer Hirten wiedergeben.

Zum Lebenskreis des Pan gehören die Nymphen, junge Frauen, göttliche Wesen, die auch Töchter des Zeus genannt wurden. Es wird von ihnen gesagt, daß sie schön und verliebt sind. Sie leben auf Bergeshöhen, im Wald und im Baum, an den Quellen der Flüsse, auf feuchten Wiesen, in Hainen und Triften. Und von diesem ihrem Lebensbereich haben sie ihre nymphischen Beinamen. Vom Ursprung und vom Wesen her sind sie unsterblich. Nur das Leben der Baumnymphen ist so sehr an das Leben der Bäume gebunden, daß, wenn Moira, das Schicksal, es will, der Baum stirbt: »es verdorrt im Boden der Stamm, die Blätter vergehen, die Äste brechen herunter, und ihre ›Seele‹ verläßt die leuchtende Sonne« – und mit ihr vergeht das Leben der Nymphen.

Nymphen sollen dem Tanz und der Musik ergeben und ihre Stimme hell und ihr Reigentanz zauberhaft sein. Und Pan ist Tänzer und Musiker auf Nymphenfluren. Auf der Wiese, an der Quelle unter Bäumen, ist ein Tanzplatz, wo Nymphen und Pan sich ein Stelldichein geben, er steht in ihrer Mitte, sie ordnen sich, fassen sich an den Händen und drehen sich im Reigentanz zur Syrinx um ihn (Abb. 27). »Auf blumiger Trift wandelt er in Gemeinschaft mit den tanzfrohen Nymphen, die vom hohen Felsen schreiten und Pan rufen, den Wegegott im wallenden Haar.« Und wenn es Abend wird, »scharen sich die hellstimmigen Nymphen der Berge um ihn und tanzen mit geschwindem Fuß bei der dunkel leuchtenden Quelle, daß von den hohen Bergen das Echo widerhallt; und der Gott, bald hier bald dort im Reigen, bald in ihrer Mitte springend, regt die geschwinden Füße im Tanz – jauchzend vor Lust zum schrillen Gesang auf wohligen Auen« (Panhymnus). Pin-

27 Syrinxblasender Pan im Reigen der Nymphen. 480 v. Chr.

dar nennt ihn den vollendetsten Tänzer unter den Göttern. Und ein Platon zugeschriebenes Epigramm ruft in die Natur, zur Stunde des Pan: »Schweige Waldeshöhe der Dryaden und ihr Quellen, die aus dem Fels springen, und du vielstimmiges Blöken der Schafe verstumme, denn Pan bläst auf der tönenden Syrinx ein Lied, und um ihn tanzen mit zierlichen Füßen die Nymphen vom Quell und die Nymphen vom Wald den Reigen.«

Steinerne Votivtafeln, denen eine Felslandschaft den zusätzlichen Reiz des dämmrigen Lichts der Höhle gibt, hat man in den Grotten des Pan und der Nymphen geweiht (Abb. 28–30). Es ist die Landschaft des Pan, der auf der Weihtafel aus der Nymphengrotte in Vari auf dem Felsen

28 Höhle: Nymphen und Hermes. Pan bläst die Syrinx. 340 v. Chr.

bei den Ziegen sitzt und den Nymphen und Hermes in der
Höhle auf der Syrinx vorspielt (Abb. 28). Pan ist Musiker
und Anführer der Nymphen, die sich an den Händen halten und ihm im Reigentanz um den Altar folgen (Abb. 29).
Von kleinerem Wuchs sind die Weihenden: Agathemeros
steht am Altar vor Pan, um ihm, den Nymphen und Hermes die Spende zu gießen (Abb. 30). Die Stifter Telépha-
nes, Nikératos und Demóphilos erscheinen vor Pan, an

29 Höhle: Pan mit Syrinx führt den Nymphenreigen an.
Kopf des Acheloos. 310 v. Chr.

dessen Wurfholz ein erlegter Hase hängt und heben verehrend die Hände (Abb. 31). Nicht allein die Freude an Tanz und Musik führt Nymphen zusammen: es ist das phallische Wesen der Nymphen und des Pan. Daß Hermes sich einfindet, ist nicht zufällig, die Beziehung zu den Nymphen liegt in seinem Wesen. Beide, Hermes und Pan, haben Nymphen als Mütter.

Die meisten Höhlen sind Naturhöhlen, manche sind erst in den Felsen geschlagen worden und daher weniger tief. Auf der Insel Thasos hat man in den Felsen eine Nische gehauen (Abb. 32) und die Front eines kleinen Tempelgebäudes mit einem Giebelrahmen eingemeißelt, worin Pan, umgeben von einer Ziegenherde, lagert und die Syrinx bläst. Am Parnaß, oberhalb Delphi, liegt die berühmte Korykische Höhle. Attika hat viele Höhlen, in denen Pan allein oder gemeinsam mit den Nymphen und ande-

30 Höhle: Nymphen, Hermes, Pan mit Syrinx.
Agathémeros und der Opferdiener. 320 v. Chr.

31 Nymphen, Hermes, Pan mit Syrinx und Wurfholz, an dem ein Hase hängt.
Die drei Weihenden. 360 v. Chr.

32 Pan-Grotte auf Thasos

ren Gottheiten verehrt wurde. Die meisten liegen in den Bergen: bei Phyle im Parnesgebirge; die Grotte bei Vari am Hymettos hat Archedemos aus Thera, »nach Weisung der Nymphen« eingerichtet; bei Marathon ist eine Höhle durch die Ausgrabung bekannt geworden (Abb. 33), die andere beschreibt Pausanias: »Ein wenig oberhalb der Ebene ist der Berg des Pan und eine sehenswerte Höhle.

33 Pan-Grotte bei Marathon

Der Eingang in sie ist eng; im Innern sind Kammern und Bäder und die sogenannte Herde des Pan, Steine, die großteils Ziegen ähnlich sind.« Die Grotte am Ilissos – den Nymphen, dem Flußgott Acheloos und Pan geweiht – ist in die Geschichte eingegangen durch das Gespräch, das Sokrates mit Phaidros an diesem »wahrhaft göttlichen Ort« geführt hat und das er mit dem Gebet an Pan und an all die anderen Gottheiten um »innere Schönheit« beendete.

Von allen Pan-Höhlen ist jene am Nordabhang der Akropolis, hoch über der Stadt, die berühmteste (Abb. 34). Schon der Anlaß, sie dem Pan zu weihen, war kein ge-

34 *Pan-Höhle am Nordabhang der Akropolis*

35 *Pan mit Wurfholz im Gespräch mit einer Nymphe. 350 v. Chr.*

wöhnlicher: Pan hatte nämlich in der Schlacht bei Marathon (490 v. Chr.) hilfreich eingegriffen. Und zum Dank für den Sieg über die Perser haben die Athener ihm einen Kult eingerichtet.

Über die vielen Grotten und Höhlen, in denen Pan verehrt und mit Weihgaben beschenkt wurde, über die Altäre in Heiligtümern und an einsamen Orten, auf denen ihm geopfert wurde, hinaus: das Altertum und alle späteren Jahrhunderte haben nie vergessen, daß seine innig geliebte Heimat Arkadien ist, und haben dieses Land und Pan als eins gesehen. Pindar sagt von ihm: »Der du Herr über Arkadien bist, Hüter heilig unbetretbarer Räume.«

Pan, die Nymphen und die ihnen nicht fremden Mäna-

36 Pan und eine tanzende Mänade. 330 v. Chr.

den aus dem Kreis des Dionysos sind bezaubernde Themen als Schmuck auf den Deckeln der Klappspiegel: Spiegel in Mädchen- und Frauenhänden. Pan unterhält sich mit
der Baumnymphe (Abb. 35). Eine weibliche Gestalt dreht
sich wirbelnd im Tanz; Pan ist davon ganz erfaßt (Abb. 36).
Die Tänzerin ist eine Mänade. Sie tanzt nicht den ruhigen
Reigentanz der Nymphen, in Gemeinschaft mit anderen
Nymphen, sondern den orgiastischen Tanz, in der Ekstase ganz vom Gott Dionysos erfüllt. Und wenn schon eine
Mänade, so kann Pan auch sie einmal auf seine Schultern
nehmen (Abb. 37). Ein sinnvolles Thema am Henkel eines

37 *Pan trägt eine Mänade mit der Fackel. 360 v. Chr.*

Kruges, mit dem Mädchen und Frauen Wasser von der Quelle holen.

Ein zauberhaftes, vielleicht das schönste Bild auf einem Spiegel (Abb. 38): eine Nymphe im Dämmer einer lieblichen Grotte, wo fromme Menschen Kranz und Binde aufgehängt haben, hat ihr Gewand abgelegt und über einen Felszacken gebreitet. Ein Löwenkopf speit Wasser in das Becken, vor dem sie hockt und sich die Haare wäscht, und Pan reckt seinen Bockskopf aus der Feldwand und schaut von oben zu.

Überdenken wir das Leben des Pan und der Nymphen, wie es die Bilder und die Dichtung gezeigt haben, so findet sich kein schöneres Wort zu ihrem Leben als »Lebensmelodie«.

Verweilen wir noch bei den Nymphen. Sie besitzen auch andere Wesenszüge. Nymphen sind keine ländlichen, sondern Naturwesen. Sie sind nicht nur mit der Natur verbunden, von ihnen gehen auch Kräfte aus, die das Wachstum fördern. Nymphen können Menschen begeistern und die Geistentrückten bis zur Besessenheit und zum Wahnsinn treiben. Es gibt Seher, die von ihnen die Gabe der Prophetie haben, zu schauen, was gewöhnlichen Sterblichen verborgen ist. Allein ihre Nähe kann zu tiefen Einsichten führen. Sokrates gestand: als er an der Quelle unter einer hohen, schattigen Platane am Ilissos mit Phaidros im Gespräch verweilte, habe er die Gegenwart der Nymphen verspürt und die Begeisterung sei ihm von den Nymphen überkommen.

Nymphen sind freundlich und hilfsbereit und können doch gefährlich und grausam sein, wenn sie die Menschen ergreifen. Sie holen Jünglinge, um sie zu besitzen. Als der Hirt Daphnis den Liebesbund mit der Nymphe bricht, muß er seine einmalige Untreue mit dem Tod büßen. Auf Grabsteinen liest man von den Klagen der Mütter um ihre von den Nymphen geraubten Kinder.

38 Nymphe in einer Grotte wäscht sich die Haare,
Pankopf an der Felswand. 330 v. Chr.

Nymphen buhlen mit Hermes und den Silenen, aber
Pan fürchten sie und fliehen vor ihm, wenn er zudringlich
wird. In der ›Helena‹ des Euripides hört der Chor die Kla-
gerufe der unglücklichen Frau, und es klingt ihm wie der
Schrei der Bergnymphe, der in der Felsenschlucht widerhallt, daß Pan sie erbeute. Und doch kann die Nymphe
ohne seine bezaubernde Musik und seine tänzerische
Kunst nicht sein.

Aphrodite, Athena, Artemis, Apollon und alle Götter

der Zeusreligion haben eine Aufgabe im Kosmos. Die geordnete Welt ist die ihre. Sie greifen ein, günstig für den Menschen oder ungünstig gegen ihn. Pan hat keine festgelegte Aufgabe, aber er ist gebunden in seinem Wesen als Gott der fruchtbaren Zeugung, des animalischen Triebes und Dranges.

Im griechischen Glauben ist Aphrodite die Göttin der Liebesbeziehung, und dazu gehört die Schönheit. Darin ist ihre Macht anderer Art als die des Pan. Als Göttin der Liebe führt sie die Menschen zusammen. In ihrem wunderkräftigen Gürtel sind eingewoben alle Zauber der Liebe, die Begierde, die schmeichelnde Bitte, die dem Verständigsten die Besinnung nehmen. Es sind die Kräfte der Sehnsucht und der Vereinigung, mit denen sie Götter und Menschen bezwingt. Die Wirkung ihrer Schönheit, heißt es im Aphroditehymnus, hat selbst den Löwen, den Panther, den Bär und den Wolf gepackt, die ihr auf dem Weg zum Idagebirge gefolgt sind; im Schatten eines Gehöftes legten sich die Tiere zueinander.

Der Zauber ihrer Macht gilt den Menschen, und die Liebesvereinigung kann nicht geschehen ohne sie. Und da sie die Liebesmacht in sich trägt, so kann sie auch einmal von ihr bezwungen werden: auf dem Berg Ida bei Troja verbindet sie sich mit Anchises – und bringt Äneas, den Ahnherrn Roms, zur Welt.

Es gibt eine unvergleichliche Darstellung mit Aphrodite und Pan beim Knöchelspiel (Abb. 39). Pan ist der Sieger, er zeigt es seiner Partnerin mit erhobenem Finger. Und doch ist der Unterschied zwischen dem, was Aphrodite und Pan verkörpern, so groß wie der Gegensatz ihrer Gestalt auf der Spiegelzeichnung: Aphrodite ist Liebesverlangen und Sehnsucht, Pan ist das Geschlecht.

Als Hermes mit dem kleinen Pan an der Hand im Olymp vor den Göttern stand, war Dionysos am meisten

39 Aphrodite mit Eros und Pan beim Knöchelspiel. 350 v. Chr.

begeistert, sagt der Dichter im Homerischen Hymnus. Die Freude ist verständlich, denn beide sind Naturwesen. Auch Dionysos kommt aus der Natur und ist Herr des vegetabilischen und des naturhaften Lebens (Abb. 40). Schon die Art seiner Geburt weist darauf hin: Sohn einer Sterblichen, der thebanischen Königstochter Semele, und des Zeus, zum zweiten Mal geboren aus dem Schenkel des Zeus, dem Sitz der vegetativen Kräfte, aufgewachsen im Bergwald Nysa unter der Pflege der Nymphen (Abb. 63). Dionysos ist verbunden mit phallischen Mysterien und phallischen Prozessionen durch die Felder zur Erhöhung der Fruchtbarkeit; auch seine Verbindung mit den alten Fruchtbarkeitsdämonen und ihren maskentragenden Darstellern verweist darauf. Gestalten der Wildnis haben sich in seinem Gefolge versammelt (Abb. 40). Dionysos hat Züge, die Pan fremd sind: dazu gehört die Ekstase, das älteste Element im Dionysischen, das weit in die Jahrtausende zurückreicht, ein Urphänomen der menschlichen Erfahrung. Ek-stase heißt aus sich heraustreten, die Schranken der menschlichen Bedingtheit überschreiten und zugleich eintreten in einen wunderbaren Zustand, in dem der vom Gott verwandelte Mensch sich von den Fesseln des Daseins befreit, die bedingte Welt hinter sich läßt und sich in einer anderen Wirklichkeit wiederfindet. Das Lärmen, das Tanzen, der Taumel gipfeln im Außer-sich-sein als der eigentlichen Handlung der vom Gott Verzauberten. Die Mänade ist ein reines Wesen, sie steht ganz im Dienste des Dionysos. Sie schaut in der Vision nur den Gott, ist ihm ganz hingegeben (Abb. 41, 42). Satyrn und Silene sind begehrliche Wildnisgeister, die ausfällig werden können. Sie versuchen es bei den Mänaden (Abb. 40) und stellen auch den Nymphen nach (Abb. 43). Bei nächtlichen orgiastischen Feiern in abgelegenen Gegenden, im Bergwald, in Wäldern, wird Dionysos in wilden Tänzen und im Zerreißen tierischer Opfer von seinem Gefolge in der Vision erfahren. Ekstase ist ein Zustand, in die der Gott seine Diener bringt, und die von ihm Verzauberten werden verwandelte Naturwesen und eins mit dem Gott.

Dionysos muß gerufen und beschworen werden in ekstatischen Tänzen, durch den Lärm der Trommeln und das Rauschen der Thyrsosstäbe. Thyrsos, ein Stab, an den ein Bündel Efeu gebunden ist. Der plötzlich Erscheinende schlägt den Menschen mit göttlichem Wahnsinn, macht ihn zu seinem Gefolgsmann, läßt ihn teilnehmen an unendlicher Freiheit und führt ihn dorthin, wo Vernunft und Über-

40 *Dionysos mit Trinkhorn im Thiasos mit Satyrn und Mänaden. 560 v. Chr.*

41 Mänaden im orgiastischen Tanz. 490 v. Chr.

legung nicht mehr gelten. So geschieht es in den ›Mänaden‹
des Euripides, wenn der junge thebanische König Pentheus, im Mänadengewand versteckt, dem Gott im Bergwald nachstellt, um das Treiben der Mänaden auszuspähen;
wenn Greise, der alte König Kadmos von Theben und der
blinde Seher Teiresias, sich Frauenkleider überziehen, efeu-
geschmückte Stäbe schwingen und sich unter die rasend
tanzenden Mänaden mischen und wenn am Ende des Dra-
mas Pentheus' Mutter Agaue im dionysischen Rausch den
eigenen Sohn nicht mehr erkennt und seinen Kopf, den sie
für ein Löwenhaupt hält, im Triumph heimträgt.

Dionysos ist ein erscheinender Gott, der Länder und
Völker durchzieht. Er, der in alle Bereiche der Natur und
des Menschen eindringt, kennt keine Hindernisse. Zu seiner Eigenart gehört die vielgestaltige Verwandlung, in der
er als Stier, Löwe oder Bock erscheint. Sein unvermitteltes
Kommen ist so geheimnisvoll wie sein rätselhaftes Ver-
schwinden. Er ist aber auch ein Gott, der verfolgt wird, der
leidet, stirbt und wieder aufersteht. Der Mythos vom Dio-

60

42 Satyrn und Mänaden im Tanz. 340 v. Chr.

nysos-Zagreus berichtet von seinem gewaltsamen Tod
durch die Titanen, die ihn getötet, zerstückelt und ver-
schlungen haben. Sein Tod und seine Auferstehung haben
nicht allein mit dem Jahreskreis der Natur zu tun, sie rüh-
ren an die Wurzeln des menschlichen Seins, wo Leben und
Tod eins sind. Das meint Heraklit mit dem dunklen Satz:
»Derselbe aber ist Hades und Dionysos, dem sie toben
und feiern.«

Pan kennt nicht die Nachbarschaft von Leben und Tod.
Er ist weder ein orgiastischer noch ein leidender Gott; er
kann weder sich noch andere verwandeln. Als Einzelgänger streift er durch die Wildnis, ohne Gefolge. Die Nymphen sind seine Nachbarn, er ist bei ihnen Gast. Sie rufen

43 Ein haariger Silen lauert hinter einem Palmbaum
einer Nymphe auf. 550 v. Chr.

ihn, er kommt und gesellt sich zu ihnen, sie musizieren und
tanzen. Ihr Tanz ist kein ekstatischer, sie schreiten den Reigen. Und während die Mänade, ihr irdisches Dasein ver-
gessend, außer sich ist (Abb. 41, 42), ist die Nymphe auch
im Tanz ganz bei sich (Abb. 27, 29).

Auch zu Pan gehört die Wirkung seines Erscheinens,
aber was er bringt ist nicht die Verwandlung, sondern der
panische Schrecken: der Alpdruck, die Angst, die plötzlich
und ohne Grund aufkommt; und wo der Gott auftaucht,
fährt panischer Schrecken in die Glieder der Menschen
und läßt sie fliehen; Tiere ergreifen die Flucht.

Neben Dionysos und Pan taucht noch Priapos auf –
ein sehr ländlicher Gott (Abb. 48), ein ausgesprochener
Fruchtbarkeitsdämon der Fluren und Fischzüge, Wächter
der Gärten und der Weinfelder. Den Dieben war er ein ab-

schreckender Dämon, den Vögeln eine Scheuche. Als Gott der niederen Triebe war er ithyphallisch und mißgestaltig dargestellt. Sein Leben war nicht zu schildern: dem im Pfeiler Gebundenen war kein Tageslauf beschieden. Mit Recht hat sich die griechische Dichtung, auch in ihrer Spätzeit, um den stumpfen, unmusischen, unfröhlichen Gott kaum gekümmert, den Sohn des Hermes und der Nymphe aber mit allem Zauber der Poesie bekleidet.

Aphrodite, Pan, Priapos und die Fruchtbarkeitsgeister: wie sehr haben die Griechen zwischen der Liebe, dem reinen Geschlecht und dem dumpfen Trieb, der Fruchtbarkeit und dem Wachstum unterschieden und nicht alle Mächte in einer göttlichen Gestalt vereinigt.

Pan gehört zur griechischen Sommerlandschaft, zur alles versengenden Glut. Um Mittag, wenn das Licht steil fällt, die Schatten am kürzesten sind, wenn alles still ist und das Leben in Schweigen versinkt, die Hitze brütet, die Steine glühen und kein Fuß sich in den Sonnenbrand wagt, ist die Stunde des Panschlafs gekommen. Es ist eine gefährliche Stunde, da warnt Theokrit vor dem Syrinxspiel: »Schäfer, das dürfen wir nicht. Wir dürfen nicht mittags die Syrinx blasen. Da fürchten wir Pan. Das ist ja die Stunde, in der er, müde vom Jagen, zur Ruhe sich legt. Choleriker ist er, und die bittere Galle bläht stets ihm die Nüstern« (Theokrit). Da ist die höchste phallische Stunde. »Mittag ist die Geisterstunde des Südens, nicht die Nacht, wenn der Hirt seine Herde zurücktreibt und wartet bis das Licht wieder barmherzig wird« (R. Schneider).

Pan kann sich mit der Ziege verbinden, aber nicht mit dem Menschen. Und da er im Kreis der Nymphen verkehrt, so kann die Urkraft, die er verkörpert, auch einmal ihn überwältigen, und er einer Nymphe oder einem Hirtenmädchen nachstellen. Aber er kann sich nicht mit einer von ihnen verbinden. Als die Nymphe Echo seine Liebe verschmähte, ließ er Wahnsinn über die Hirten kommen, die Echo in Stücke zerrissen – nur ihre Stimme blieb am Leben. Die Nymphe Pitys gibt ihm keine Gegenliebe und wird in einen Baum verwandelt. Das Mädchen Syrinx flieht seine Nähe und bittet die Götter, sie möchten sie verwandeln; und ihre Bitte wird erhört: am Fluß Ladon in Arkadien wirft sie ihre menschliche Gestalt von sich und wird ein Schilfrohr.

In der Nymphenhöhle bei Pharsalos in Thessalien heißt eine Inschrift auf einem Stein die Besucher willkommen, nennt die Namen der in der Höhle Verehrten: Nymphen, Pan und Hermes, Apollon und Herakles, Chiron, Asklepios und Hygieia; und bevor sie die Besucher zu Gebet und Opfer auffordert – damit auch sie empfangen, was dem Errichter der Höhle, Pantakles, gewährt wurde –, zählt sie die vielen Gaben auf: nämlich Reichtum, Mut, Kraft, Gesundheit und ein edles Leben. Von Pan wird gesagt, daß er »Lachen, Frohsinn und gerechtfertigten Übermut« gegeben habe. Das Zeugnis von Pharsalos überrascht vielleicht. Ein Gott, dessen Wesenheit in den Urgrund des Lebens reicht, spendet ein heiteres und menschenfreundliches, unbeschwertes Dasein? Aber gegensätzlich sind Pans Natur und seine Gaben nicht. Nur ein Grieche konnte solches in einer göttlichen Person vereinigt sehen. Und Pan wäre kein griechischer Gott, wenn er nicht das Fröhlichsein in sich hätte, das er spendet.

Worin zeigt sich das Göttliche, da er in seinem Äußeren meist als ein Tier, ein Bock erscheint? Zunächst darin, daß der Grieche das Bockswesen aufgerichtet und ihm den aufrechten Gang gegeben hat. Das Animalische in ihm geht über das Tier und den Menschen hinaus. Göttlich ist das reine Geschlecht. Der Grieche kannte keine »augen- und antlitzlose Wirklichkeit«; er erfuhr Kräfte und Mächte und sah sie als Gestalt, sogar das Geschlecht.

Wie sich der Umriß Arkadiens aus der Peloponnes heraus-
hebt (Abb. 19), so die seltsame Gestalt dieses göttlichen
Einzelwesens, mit dem erschreckenden Gesicht, aus dem
Kreis der olympischen Götter. Pan hebt die Hand und be-
schattet die Augen wie jemand, der Ausschau hält oder etwas in der Ferne erspäht hat (Abb. 1). Die Geste ist be-
zeichnend für Pan. Sie ist nichts anderes als die motorische
Bewegung eines ziellos Schweifenden und Getriebenen.
Die Bockszüge lassen sich nicht als Überbleibsel älterer
Glaubens von tiergestaltigen Göttern verstehen, so gewiß
im Bock der Ursprung der Pangestalt liegt, aber das Vorbild ist noch nicht Pan. Auf der Suche nach der Herkunft
einer Gestalt ist man geneigt, sie in ihre charakteristisch
scheinenden Bestandteile zu zerlegen. Pan aber ist nicht
die Summe von Gliedern, zusammengesetzt aus dem Kopf
und den Beinen des Tieres, dem Rumpf und den Armen
des Menschen. Einmal muß die ganze Gestalt den Menschen getroffen haben; denn nichts wird geformt, was
nicht vorher in der Vorstellung schon bestanden hat.

Pan hat mit dem Tier zu tun – aber was mit dem Menschen? Auch wenn seine Gestalt göttlich zu nennen ist, so
hat sie doch das Tier und den Menschen in sich. Der panische Schrecken erfaßt Tiere und Menschen und treibt sie in
die Flucht. Und wenn ein Wesen wie Pan einen ganzen Lebensbereich verkörpert, dann steht auch der Mensch im
Spannungsfeld der Pan-Kräfte.

Keine Gestalt kehrt so wieder, wie sie in die Geschichte
eintrat, auch Pan nicht. Die Phänomene seiner Verwandlung lassen sich anthropologisch verstehen. Es sind vier
Wesenheiten: Pan, Geschlecht, Tier, Mensch. Die Fragestellung ist eine anthropologische, wenn man die Reihen-
folge umdreht und vom Menschen ausgeht. Die richtige
Ausgangsfrage lautet daher nicht: was hat der Mensch auf
der jeweiligen Bewußtseinsstufe in Pan als dem Träger des

Geschlechts gesehen, sondern was hat der Mensch in sich erfahren, daß Pan ihm so erscheint? War das Geschlecht eine Macht, die allein von Pan ausging und den Menschen packte, oder hat er sie in sich selber wirkend gefunden? Die Antwort müssen die Bildwerke geben, ohne die Form zu lesen, wird man sie nicht finden können.

Pan erscheint in der bildenden Kunst spät, erst zu Beginn des fünften Jahrhunderts; doch muß er längst eine Gestalt in der Vorstellung der Hirten und der Menschen gewesen sein.

Es war am Vorabend der Schlacht in der Ebene von Marathon (490 v. Chr.), als der Schnelläufer Philippides unterwegs von Athen nach Sparta war, um in der Stunde höchster Not Hilfe gegen die Perser zu holen. In der Nähe des Berges Parthenios in Arkadien, oberhalb von Tegea, begegnete er Pan. Der rief ihn mit Namen an und fragte: warum sich die Athener gar nicht um ihn kümmerten, obgleich er ihnen früher oft geholfen habe und es auch in Zunkunft tun wolle – er sei doch ein Freund der Athener (Herodot). Als die Perser geschlagen waren und verwirrt zu ihren Schiffen drängten, gleich einer Ziegenherde, die durcheinander flieht, wenn ein Raubtier in die Herde bricht, da erkannten die Athener, daß Pan es war, der mit dem panischen Schrecken Verwirrung in die Reihen der Perser gebracht hatte.

In einer Höhle am Nordabhang der Akropolis (Abb. 34) richteten sie Pan zum Dank gleich darauf einen Kult ein, mit einem alljährlichen Opfer, und ehrten ihn mit einem Fackellauf. Und der siegreiche Heerführer Miltiades stellte eine Statue des Gottes auf, mit einem Epigramm auf der Basis, das der Dichter Simonides von Keos verfaßte. Es sagt ohne Umschweif, sachlich und in bewundernswerter Kürze: »Mich, den arkadischen Pan, den Bocksfuß, den Gegner der Meder, Freund des athenischen Volkes, stellte

Miltiades auf.« Es war zwischen der Schlacht bei Marathon und seinem Tod (488 v. Chr.).

Der Sieg bei Marathon gab den Athenern Mut: denn bis Marathon war es den Griechen ein Schrecken gewesen, auch nur den Namen der Meder zu hören; bei Marathon hatten sie zum ersten Mal den Anblick medischer Kleidung und Krieger ausgehalten, was der Historiker Herodot in seinem Bericht über die Vorgeschichte und das Ereignis der Schlacht ausdrücklich erwähnt. Pans Eingreifen erhöhte den Sieg, denn er selbst war ein Feind der Meder, so sagt das Epigramm. Um so verständlicher ist die große Verehrung des Gottes, dem sie den Sieg zuschreiben. Daß Pan auch nach Marathon den Athenern ein Helfer sei, dessen konnten sie sicher sein. Haben sie ihm doch eine Höhle an hervorragender Stelle geweiht und ihm zu Ehren Spiele eingerichtet.

Der Feldherr Kallimachos aus Aphidnai war in der Schlacht gefallen. In seinem Namen haben Angehörige der Göttin Athena mit einer Statue der Siegesgöttin gedankt. Vielleicht hielt sie den bronzenen, den siegverkündenden Botenstab in der Hand (Abb. 44), an dessen Enden sich zwei Panköpfe von gleicher Art nach innen neigten, als der Stab noch ganz war. Sie könnten hinweisen auf Pan, den Helfer in der Schlacht. Auch wenn dem nicht so ist, der Botenstab allein ist ein Denkmal von hohem Wert und der Kopf eines der bedeutendsten Panbildnisse: ein Tierkopf, dessen dichte Haarkappe nur das Gesicht freiläßt, trägt die großen Bockshörner wie eine Krone. Pan ist ganz in sich versunken: halb freies Wesen, halb Gefangener seiner Kräfte.

Zum Panbildnis in der Zeit nach dem Ereignis von Marathon tragen auch Bilder auf attischen Gefäßen bei. Im Rund einer Schale (Abb. 45) hockt mit vorgestreckten Armen und Beinen der bocksköpfige Gott. Der Kreis, der um ihn gezogen ist, ist nur der Rahmen des Gefäßes, die star-

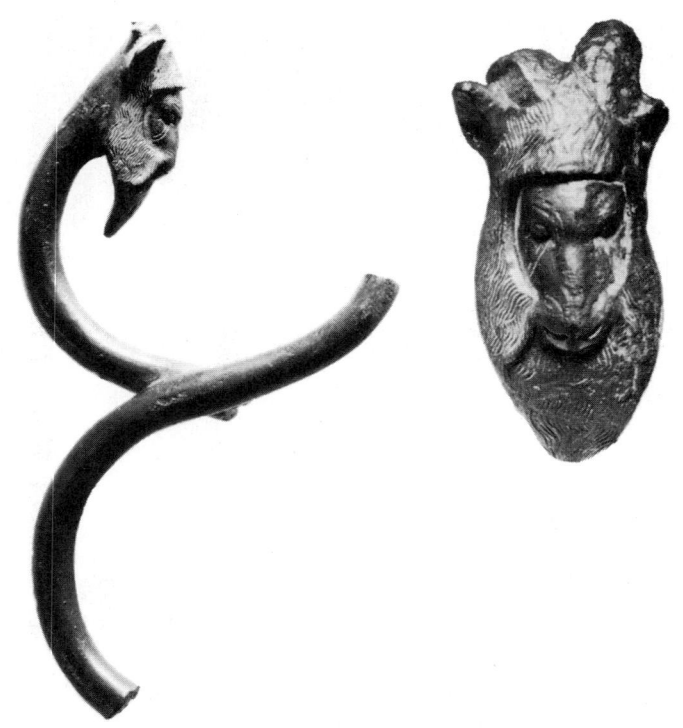

44 *Botenstab mit dem Kopf des Pan. 480 v. Chr.*

ke Erscheinung des Pan vermag er nicht einzuengen.
Von der Gewalt des Gottes zeugt auch der tanzende Pan
(Abb. 46). Selbst in solchen schlichten Darstellungen erfährt man Pans Macht in dieser Zeit. Aphrodite wird geboren, ohne Szenerie und ohne großes Aufgebot an Personen (Abb. 47): aus dem Schaum des Meeres taucht ihr Kopf
auf, am Gestade erscheint Pan und mit ihm die Macht der
Wildnis. Ein Bild auf einem Mischkrug gibt den Blick frei
auf einen Vorgang in der Wildnis (Abb. 48): An der Herme des Priapos, an der Grenze von Acker und Wildnis, ist

45 *Tanzender Pan. 470 v. Chr.*

ein junger Hirt in den Dunstkreis der Pan-Kräfte geraten
und erfährt den panischen Schrecken. Das plötzliche Auftreten des Gottes allein löst den Schrecken nicht aus, der
den Hirten packt, es sind die Unruhe und die Bedrängnis,
die vom Phallischen des Gottes ausgehen und den Hirten
zur Flucht treiben. Das alles wäre nicht verständlich, wäre
Pan nur ein Herden- und Hirtengott und hätte nicht
Macht über die Menschen.

In diesem halben Jahrhundert, der ersten Hälfte des fünften Jahrhunderts (Abb. 45–48), hat das Panbildnis teil an
der Grundvorstellung der Zeit, die Götter und Dämonen
als epiphanische und übermächtige Wesen erfährt. So ist es
nicht allein das seltsame Aussehen des Pan, sein unvermit-

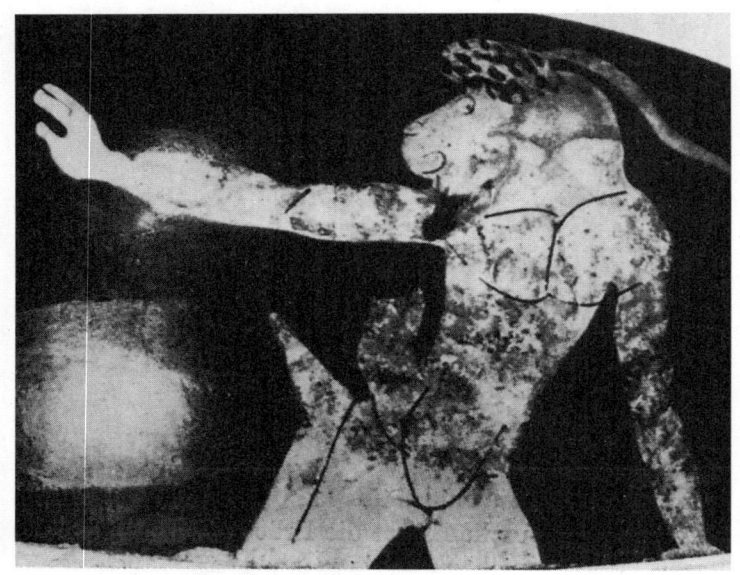

46 *Tanzender Pan. 470 v. Chr.*

teltes Erscheinen, sondern die Dämonie und Wucht seiner
Gestalt, die den packt, der in den Bannkreis des Gottes ge-
rät. Oft ist in der Tragödie dieser Zeit die Rede von dem
unentrinnbaren Dämon, der einen Kreis um den Menschen
zieht. Wenn Personen in der Tragödie von sich sagen, daß
ein Dämon sie festhält, so ist das nicht zu verstehen, als ob
eine dämonische Macht in ihnen steckt, sondern es ist ein
Dämon, der den Menschen, von außen kommend, packt.
Dies gilt auch von der Wirkung, die von Pan ausging. Unter einer solchen Macht, die erschreckt und bestürzt, stehen die Herden und die Menschen. Die Stärke seiner Erscheinung und die Flucht der Perser bei Marathon mußten
die Griechen als Ursache und Wirkung verstanden haben.
    Als Pan in den Bildwerken erschien, war er bocksköp-
fig und meist ziegenfüßig, er behielt das Aussehen durch

47 *Pan bei Aphrodites Geburt. 460 v. Chr.*

die Jahrhunderte. Doch als bald nach der Mitte des fünften Jahrhunderts vom Bockskopf nur mehr Stupsnase, Bart und Hörner blieben, war das Tierische des Pan nur äußerlich abgeschwächt (Abb. 49). Er steht unter dem Henkel des Gefäßes, zwischen Dionysos und seinem Anhang und den Gottheiten der eleusinischen Mysterien, Demeter, Kore und Triptolemos. Einem Fremdling gleich, sich scheu umblickend, strebt er weg. Der Mysterienort ist nicht seine Angelegenheit, Dionysos und sein Kreis sind ihm näher.

Als der Athener Maler auf die unvergleichlich großartigen Züge des Pan in der ersten Hälfte des Jahrhunderts

48 *Der Hirt flieht vor Pan, Herme des Priapos. 470 v. Chr.*

verzichtete, hat auch er den Weg zu einem neuen Panbildnis frei gemacht. Den wichtigen Schritt jedoch tat ein
Künstler im späten fünften Jahrhundert: vielleicht war es
der große Bildhauer Polyklet von Argos selbst oder ein
Meister aus seiner Werkstatt. Das Original des Werkes war
aus Bronze. Es ist nicht mehr erhalten, aber Nachbildun-
gen in römischer Zeit bezeugen es (Abb. 50, 51). Die tie-
rischen Züge, der Bockskopf, die behaarten Beine sind
verschwunden, doch bezeichnen die im dichten Haar ver-
grabenen kleinen Bockshörner und der tief in der Stirn an-
setzende Haarwuchs äußerlich den Gott. Wie soll man die
Veränderung deuten? Hat der in viel späterer Zeit kopie-
rende Bildhauer versehentlich oder absichtlich das Vorbild
verändert und, in spätzeitlicher Schäferromantik, einen

72

49 *Pan zwischen eleusinischen Gottheiten und Gestalten*
des dionysischen Kreises. 440 v. Chr.

Hirtenknaben mit dem Zeichen des Pan versehen? Was
brauchte es mehr als einer Hirtenfigur Bockshörner anzu-
fügen und das Haar tiefer als gewöhnlich in die Stirn zu
ziehen? Pan und Hirt wären in einer Gestalt vereinigt, und
der Wunsch eines Römers verständlich, sein Haus, seinen
Garten mit dem in Rom und zu dieser Zeit unwirklich
gewordenen arkadischen Pan zu schmücken. Doch der
originale Pan erscheint in der Statue und dem Kopf der
Nachbildung, wenn man das Wenige, das der Kopist hin-
eingebracht hat, abzieht. Der Hinweis, daß außer Pan noch
andere bärtige Götter im fünften Jahrhundert unbärtig
dargestellt worden sind, ist keine Erklärung. Es gilt die
Wurzeln der neuen Pan-Vorstellung zu suchen. Es muß ja

Pan des Polyklet. Kopie nach Original um 410 v. Chr.

einen Sinn haben, wenn neben dem bocksköpfigen Gott in Zukunft der »neue« eine Rolle spielt.

Was Haltung und Ausdruck der Panstatue (Abb. 50, 51) bestimmt, ist weder Trauer, noch kommt es aus einem Wissen des Gottes um sein Schicksal. Welches Schicksal sollte Pan denn haben! Nichts Unerlöstes drängt in der neuen Gestalt nach Erlösung; aber es sind Züge im Gesicht, die in einen Zwischenbereich des Göttlichen und Animalischen weisen; ein Sinnen, das jenseits menschlichen Sinnens liegt, ein Einssein mit den Urkräften des Lebens. Formale wie inhaltliche Vorgänge verstehen sich nicht allein als eine Ab-

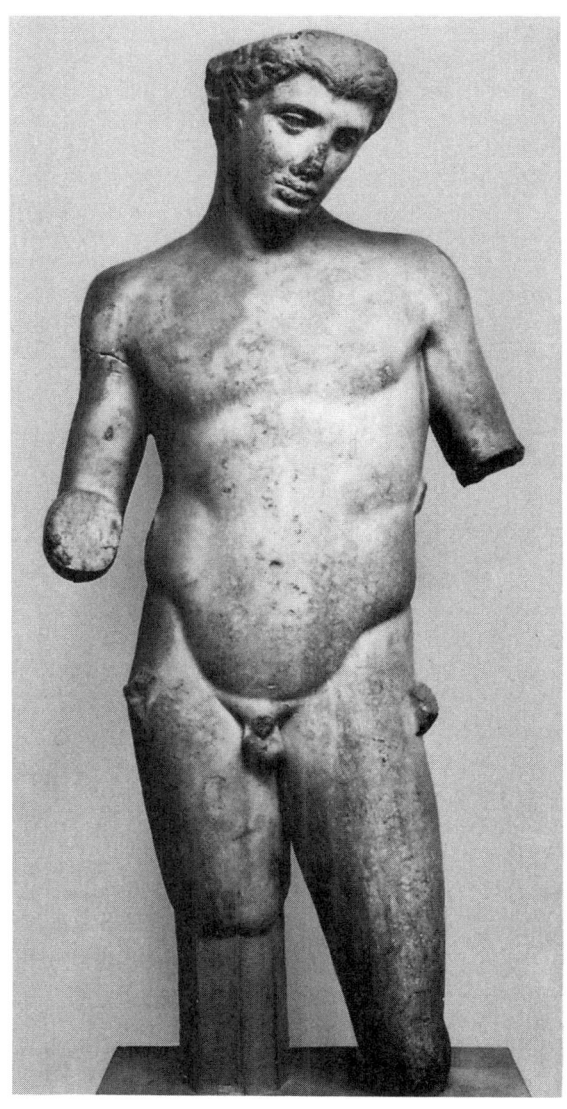

51 Pan des Polyklet. Kopie nach Original um 410 v. Chr.

wandlung eines vorhandenen alten Guts. So ist der neue Pan nicht hervorgegangen aus dem allmählichen Verzicht auf die alten Bockszüge. Die Lösung heißt auch nicht Vermenschlichung oder Annäherung des Gottes an den Menschen. Schon das Wort Vermenschlichung ist irreführend, weil es die wahren Vorgänge verkennt. Der Ausgangspunkt war Erkenntnis des Künstlers und seiner Zeit. Die Deutung des Phänomens kann daher nur eine anthropologische sein, die vom Menschen ausgeht und fragt, was hat der Künstler im Menschen erkannt, daß er die Nähe des Menschen zu Pan gesehen und in Pan dargestellt hat? In der Panfigur erscheint nicht, was der Bildner im Pan, sondern im Menschen gesehen hat. Im Nachspüren der jenseits der menschlichen Bewußtseinssphäre im Dämmer liegenden Lebenskräfte stieß der Künstler auf Pan. Es war seine Einsicht, seine Erkenntnis: daß der Mensch nicht nur teilhat am Animalischen, sondern daß diese Schicht ein Teil von ihm selbst ist, ist die eindeutige Antwort des »polykletschen« Pan auf das Phänomen. Indem der Bildner den Bezug vom Menschen zu Pan herstellte, ist die Deutung des Pan eine Deutung des Menschen – und ein Schritt auf dem Weg zur menschlichen Selbsterkenntnis.

Aber wußte der Mensch nicht von jeher um die Kräfte des Pan in ihm selbst? Gewiß, nur anders: jedenfalls verstand der frühe Grieche sie nicht als innermenschliche Mächte. Daß es diesem Künstler gelungen ist, die Erkenntnis in der Statue ohne Naht und Zwiespalt zu verwirklichen, bezeugt noch einmal seinen entschieden neuen Ausgangspunkt.

Pan ist Herr der Herden und der Menschen. Auf dem schmalen Grat, wo Pan und der Mensch sich begegnen, liegt das Geschlecht. So schließt sich noch einmal der Kreis, der die Natur des Menschen und des Tieres in Pan verbindet.

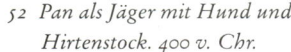

52 *Pan als Jäger mit Hund und*   53 *Pan als Jäger auf einem Felsen sitzend*
   Hirtenstock. 400 v. Chr.   *mit einem Hasen. 430/396 v. Chr.*

In den Umkreis des polykletschen Pan gehören der nah-
verwandte Jäger-Pan mit seinem Hund (Abb. 52) oder mit
einem Hasen (Abb. 53) ohne tierische Züge. Und zeitlich
weit entfernt ist auch der Bocksfüßige nicht, der auftaucht
und mit den Fingern schnalzt (Abb. 54) sowie der »väter-
liche« Pan mit dem Wurfholz (Abb. 55). Auch arkadische
Bildhauer haben den Bocksköpfigen nicht aufgegeben
(Abb. 56), wie kein anderer aus seiner Umgebung ist er der
am meisten wildnishafte, mehr ein struppiger Waldteufel
als Pan. Und wenn auf einem Klappspiegel (Abb. 57) ein

54 Pan mit dem Finger schnalzend,
Wurfholz in der linken Hand. 430 v. Chr.

bocksbeiniger Pan einen anderen im Streit wegzieht, auf
den ein Flügelwesen die Geißel schwingt, so sind dennoch
nicht zwei verschiedene Pane gemeint. Pan in der Mehr-
zahl bedeutet nicht Verminderung seiner Person, sondern
in dieser Zeit Steigerung der Macht des Gottes. In zwei
Gestalten geht Pan in das Jahrhundert ein. Die eine hat die
andere nicht verdrängt. Es besteht auch kein Unterschied

55 *Pan mit dem Wurfholz.*
360 v. Chr.

56 *Pan mit Syrinx und Trinkhorn.*
420 v. Chr.

zwischen dem »menschengestaltigen« und dem »naturhaften« Pan, sie sind eines Wesens. Er kann sogar in einer Darstellung in beiden Gestalten vorkommen, und doch ist es
der eine Pan. Denn Pan hat keine zweite Natur, weil das
Geschlecht eines ist. Wenn Aischylos zwei Pane nennt, so
meint er nicht den zweigestaltigen, sondern einen, der von
Kronos, und einen, der von Zeus abstammt.

*57 Zwei streitende Pane, ein Flügelwesen schlichtet
mit der Geißel. 360 v. Chr.*

In welchem Kreis Pan seit dem späten fünften Jahrhundert mit Vorliebe erscheint, ist ohne tiefere Bedeutung zum Verständnis des Gottes in den kommenden Jahrhunderten. Einige Bilder: Das alte Thema der Frauen bei häuslicher Beschäftigung, bei der Vorbereitung zur Hochzeit lebt fort, aber ohne Gefäße, Spinnrocken, Truhe, Stuhl, Kline, ohne den Hausrat, der den älteren Bildern die Stimmung des Häuslichen gab. Aber auch im Gelände zwischen Hügeln, Felsen und Sträuchern gefallen sich die Frauen; sie schreiten, stehen, sitzen, ein verschwebender

58 Phaon im Kreis von Frauen, Pan, Eroten. 410 v. Chr.

Ton kommt auf (Abb. 58). In der Bildmitte sitzt die eine
Person, um die sich alles dreht, und eine kleine Gesellschaft ist zugegen, die den schönen Phaon feiert. Dionysos und Ariadne (Abb. 59), Aphrodite, der Leierspieler
Thamyris, der göttergleiche Adonis sind die Umschwärm-
ten. Auf einer Truhe, ein Mobiliar aus der alten Hausze-
ne, oder auf einer Ranke sitzt eine Frau und schaut ihr Gesicht im Spiegel, oder ein Mann in einheimischer oder
fremder Tracht steht vor ihr. Man ist unschlüssig, ob in solchen Bildern eine göttliche oder irdische Frau, ob eine mythische Szene oder eine des Alltags gemeint ist. Eine Un-
terscheidung liegt nicht mehr im Sinn dieser Bilder. Da
spricht Poseidon mit Amymone (Abb. 60); beim Wasser-
holen überrascht, hat sie den Krug abgestellt und geht auf
Poseidon ein, und Eros bedrängt und vermittelt zwischen
beiden. Drei Göttinnen sind mit Hermes als Geleiter auf

59 *Dionysos und Ariadne, Mänaden, Eros, jugendlicher,*
bocksbeiniger Pan. 360 v. Chr.

60 *Poseidon wirbt um Amymone, Eros, Pan. 370 v. Chr.*

den Berg Ida gezogen und haben sich um den Preis der
Schönheit dem Schiedsspruch des Paris gestellt (Abb. 61).
Frauen bringen am Adonisfest die Weihraucherernte ein
(Abb. 62), eine Frau steht auf der Leiter und legt die Kör-
ner in ein Gefäß, andere tanzen zur liturgischen Handlung.
Daß Pan zur Geburt des Dionysos aus dem Schenkel des
Zeus, dem Sitz der vegetativen Kräfte, zugegen ist, dafür
besteht ein echter Anlaß (Abb. 63). Aber was sind die
Gründe seiner Anwesenheit bei anderen Vorkommnissen?
Vornehmlich erscheint Pan in der weiblichen Sphäre. Und
da für ihn ein neuer »Lebensabschnitt« begonnen hat,
kann er sich in diese Gesellschaft mischen. Aber sein Platz
ist nicht in der Bildmitte; hinter einer Bodenwelle oder am
Bildrand taucht er auf. Er geht seine eigenen Wege. Auf-
tauchen, Wegeilen, sich Umdrehen gehören zu seinem

83

61 *Urteil des Paris auf dem Berg Ida. Hermes als Geleiter der Aphrodite,
Athena und Hera, Pan und Ortsnymphe. 340 v. Chr.*

62 *Weihrauchernte der Frauen am Adonisfest, Eros und Pan. 360 v. Chr.*

63 Geburt des Dionysoskindes aus dem Schenkel des Zeus.
Nymphe, Hermes, Apollon, Pan. 390 v. Chr.

Verhalten. Die scheue Art, ein Grundzug des Einzelgän-
gers, ist in diesen Bildern auffällig: es ist das Verhalten
eines Fremden, der aus einer fernen und anderen Gegend
zu kommen scheint. Einst war Pan ein Verfolger (Abb. 48),
der den panischen Schrecken mitbrachte und Mensch und
Tier in die Flucht drängte.

Ein Gefäßmaler (Abb. 49) war der erste, der Pan in die
Nähe zum Dionysischen stellte, aber eingegliedert hat er
ihn nicht. Pan ist Mitglied des dionysischen Zuges erst im
vierten Jahrhundert, aber nicht als ekstatischer Tänzer – er

kann ja nicht außer sich geraten, da er kein orgiastisches Wesen ist: seine Rolle ist die eines Außenseiters, und da kann er schon einmal einem betrunken schwankenden Satyr helfend unter die Arme greifen oder eine Mänade auf die Schulter nehmen (Abb. 37). Die Spitze des Zuges kann er nicht anführen, das ist Aufgabe eines Satyrs, aber unmittelbar vor Dionysos und Ariadne kann er stehen. In einer der schönsten Darstellungen mit Dionysos und Ariadne (Abb. 64) findet er sich als Flötist vor dem Paar als gewichtige Eigengestalt, ganz in sich gekehrt weist er auf den Rang von Dionysos und Ariadne hin. Wer ist Ariadne? Die schöne Tochter des kretischen Königs Minos, die mit dem berühmten Faden Theseus sicher durch das nächtliche Labyrinth von Knossos geleitet hat, mit ihm auf die Insel Naxos zog, dort von ihm verlassen, im Schlaf versunken, bis Dionysos kam und sie als die Seine nahm. Fortan sind sie ein gefeiertes Paar und die Mitte des dionysischen Zuges. Die einzige Verbindung zwischen einem Gott und einer Sterblichen, die keine flüchtige war, ist die von Dionysos und Ariadne. Ariadne ist durch den Gott keine dienstbare Mänade geworden. Ariadne ist mehr als alle im Gefolge des Gottes, sie ist dem Gott ebenbürtig: Ariadne und Dionysos – die unzertrennliche, ewige Liebesverbindung. Dies ist schwer zu verstehen bei der vielgestaltigen Natur des Gottes, der ein sich Verwandelnder ist, der verschwindet und wiederkehrt, der von den Titanen zerrissen wird und wieder aufersteht.

Der Bocks-Pan fällt allein durch seine Gestalt im Kreis der Satyrn und Mänaden auf, aber auch der »menschengestaltige« ist kein vollwertiges Glied im dionysischen Gefolge. Daß es aber dennoch zu einer Annäherung des Pan im dionysischen Kreis kam, hat vielleicht auch eine Ursache in der Veränderung des alten strengen Dionysoskultes, der zu einem allgemeinen Grundton der Zeit geworden ist.

64 Dionysos und Ariadne, Pan spielt die Flöte. 330 v. Chr.

Es hat den Anschein, als hätte man nach Belieben zwischen der menschengestaltigen und der bocksartigen Panfigur gewechselt. Wenn sich in den Bildern auch keine Regel für das Vorkommen der einen oder anderen Gestalt finden läßt, die Nymphen jedenfalls pflegen Umgang mit dem Bocksgott, und er erscheint auf Votivtafeln (Abb. 29–31). Spielt sich ein Ereignis an einem einsamen Ort ab, dann taucht der Bocksfüßige am Rand und über dem Geschehen auf (Abb. 61, 62), wegeilend, wie es seine Art ist. Aber wo Pan den Weg Liebender kreuzt, wo er sich von Menschen angesprochen fühlt, wo er die Begegnung und das Zusammensein nicht scheut, ist die Bocksgestalt zurückgedrängt (Abb. 58–60).

Am Ende eines Jahrhunderts ist es sinnvoll, rückwärts

zu schauen auf die szenischen Darstellungen des Pan seit dem späten fünften Jahrhundert, um die Phänomene als Ganzes wahrzunehmen. Sie zeigen Pan in einer veränderten Umwelt, in einem erweiterten Wirkbereich, so scheint es. Aber was verbindet ihn mit Phaon (Abb. 58), was soll er entscheiden, als es um die Wahl der schönsten Göttin ging (Abb. 61), was geht Pan die Angelegenheit von Poseidon und Amymone an (Abb. 60), ihn, der zu mythischen Ereignissen solcher Art keine Beziehung hat? Wer allerdings, ohne nach der Anordnung der Figuren und ihrer Zeichenweise zu fragen, nur den Prosainhalt der Darstellung gelten läßt, den es nicht gibt, ist enthoben, nach Pans Wesen zu fragen.

Als das Thema Poseidon und Amymone in der bildenden Kunst im frühen fünften Jahrhundert aufkam, war es die Verfolgung der Begehrten durch den Gott, die den Künstler reizte. Poseidon nimmt durch seine Macht als Gott von ihr Besitz. Wenn sich nun der Gott im Gespräch werbend um die Nymphe bemüht (Abb. 60), und wenn dies geschieht durch das Wirken des geflügelten Eros, dann kann das Sagenbild nicht mehr den alten Inhalt haben. Eros, Sohn der Aphrodite und Verwirklicher ihrer Absichten, so sah ihn das fünfte Jahrhundert; im vierten ist er mächtiger und eigenständiger geworden, mischt sich in göttliche und menschliche Angelegenheiten, sucht zu vermitteln und zu überreden (Abb. 63). Er ist ein Dämon, den der Mensch mit sich herumträgt und der Gewalt über ihn hat, weit über die Sohnschaft zu Aphrodite hinaus. Und es öffnet sich dem Blick das Innere, wo Zustimmung und Zwiespalt, Hinneigung und Schwankung ausgelöst werden. Die Entscheidung fällt im inneren Konflikt, als den tieferen Inhalt des Bildes.

Pan kehrt in diesem Jahrhundert als Teilnehmer in den dionysischen Zug ein. Warum so spät? Sind sie nicht nahverwandt, Pan und Dionysos und die Silene? Erst wenn die dionysische Ekstase nicht mehr allein vom Gott ausgeht und in die Gottbegeisterten eindringt (Abb. 42), wenn das ekstatische Element als Leidenschaft allgemeiner Natur und als Teil des Menschen mitverstanden wird, dann erst zieht Pan in den dionysischen Kreis ein.

In der Art, wie die Bildthemen aufgefaßt sind und über das Mythische hinausreichen, ohne sich von ihm zu lösen, liegen die Voraussetzungen, um Pan mit solchen und ähnlichen Ereignissen zu verbinden. Was die Bilder kennzeichnet, ist doch vor allem das: gesucht wird weder eine mythische noch eine kultische Beziehung, sondern das, was zwischen den Personen und in deren Innern sich ereignet. Pans Erscheinen streift diesen innermenschlichen Bezirk, sei es den der menschlichen Beziehungen (Abb. 58–60), sei es den des Dionysischen als das Zeugnis menschlicher Leidenschaften (Abb. 42). Aber die tiefe Fremdheit Pans gegen alles, was ihn umgibt, ist selbst in diesem Jahrhundert nicht aufgehoben, weil sein Wesen des Sich-nicht-verbinden-könnens dagegen steht.

Das Wissen um die Pan-Kräfte als Teil seiner selbst erlangte der Mensch erst auf der Bewußtseinstufe des späteren fünften Jahrhunderts, als er erfuhr, daß sie in ihm selbst stecken und nicht allein vom Gott aufgerufen werden. Nun wird verständlich, warum Pan auf diese Schicht des Menschen, die am Ursprung von allem steht, angesprochen hat. In den beiden Pangestalten sind die Sphären nicht getrennt zu verstehen, indem der bocksköpfige den Wildnis-Pan und der menschlich gestaltete den der Pan-Kräfte des Menschen verkörpert. Seit dem polykletschen Pan (Abb. 50, 51) stehen zwei gültige Panbildnisse nebeneinander. Zur gleichen Zeit läßt Euripides in den ›Mänaden‹ zwei Dionysosgestalten auftreten: den alten bärtigen Gott und den unbärtigen. Der Dichter, dieser Kenner des

Menschen und der Mächte wußte, obwohl er den Gott aus Asiens Fluren einziehen läßt, daß Dionysos kein Fremder ist, daß das Dionysische in der menschlichen Brust ruht und nur angestachelt zu werden braucht. Er hat in den ›Mänaden‹ im Gewand der Pentheus-Ereignisse gesagt, daß das Dionysische ein Bestandteil des Menschen ist, daß dieser nicht nur aus Geist und Ordnung und Maß gefügt ist, sondern auch aus naturhaften Elementen, aus Leidenschaft, Rausch, Maßlosigkeit und Zerstörung.

Ähnlich fragt Sokrates den Phaidros: »Ich sehe nach mir selber, ob ich wohl auch so ein Tier sei, gar noch viel verschlagener und ungemütlicher als Typhon, oder ein milderes und einfacheres Lebewesen, das eines göttlichen und von Ungetümlichen freien Wesens von Natur teilhaftig ist.« Sich selbst zu erkennen, gemäß dem delphischen Spruch, schien Sokrates wichtiger als alles andere. So darf man weiter fragen: steckt im Menschen nicht auch so eine Macht wie Pan?

Zum Ende der Betrachtungen in diesem Jahrhundert noch zwei unvergleichliche Panbildnisse: ein Pankopf auf einer Münze und Pan im Fellmantel auf einem bronzenen Spiegel (Abb. 65, 66). Weder Bockskopf, Ziegenbeine noch menschliche Züge legen das Lebensalter des Pan fest. So ist der eine nicht alt, der andere nicht jugendlich zu nennen. Die beiden Pane des vierten Jahrhunderts sind individuelle, aufgeregte Wesen mit zerfurchten Zügen. Pan steht da nicht außerhalb eines Vorgangs, der auch im Porträt neue Einblicke gebracht hat. Die Art der Modellierung und die skizzenhafte Zeichenweise, die mehr aufschließen als verbergen, sind die Voraussetzungen zu mannigfachen Erscheinungen des Pan. Es ist das Formale, das dem Inhalt den Weg bereitet. Was ist vor sich gegangen? Es sind nicht neue Schichten im Pan entdeckt worden. Sein Grundcharakter bleibt unverändert. Der Vorstoß ins Innere geschah

65 *Kopf des Pan. 350/20 v. Chr.*

aus den Erfahrungen und Einsichten des Menschen in sich selbst. So gilt des Sokrates fragende Erkenntnis auch diesen beiden Panbildnissen.

Pan in den letzten drei Jahrhunderten vor dem Ende des ersten Jahrtausends. Um ihn besser zu verstehen, lassen wir ihn zunächst im Hintergrund und gehen von Phänomenen allgemeiner Art aus, formalen und inhaltlichen. Schon die Form ist nicht ohne Zwiespalt; die Gegensätze haben sich verschärft; das Physische des Körpers drängt vor. Raum und Zeit sind nicht mehr, was sie einst waren. Eine Figur schafft sich nicht allein den Raum, den sie als Lebens- und Handlungsraum braucht, mitschaffend wird sie in einen vorhandenen gestellt, wirkt darin und empfängt zugleich in diesem Raum, der durch sie zum Umraum wird. Situationen und Augenblicke werden zum

Thema, die Einblicke geben in das Flüchtige der Erscheinungen. Ein kleiner Ausschnitt aus dem Leben, eine flüchtige Begebenheit wird ins Bild genommen, und was am Rande eines Geschehens sich abspielt, kann jetzt Thema sein. Figuren nehmen sich selber wahr, sehen sich im Spiel zu. Eine Vorliebe zum Vorübergehenden ist gleich stark wie zum Zuständlichen. So entsteht viel Gegensätzliches: Vielfältiges und Einfaches, Ernstes und Naives. Im Zeichen eines Gegensatzes erscheint der Untergebene zum Herrscher, der Landmann zum Bürger, der Hirte zum Städter, der von der Natur Benachteiligte zum Gesunden, der Arme zum Reichen. Dieser Gegensatz ist nicht der einer unüberbrückbaren sozialen Verschiedenheit: Es ist das bunte Leben, wie es gelebt wurde in den Hauptstädten der Diadochenreiche, vor allem in Alexandrien.

Stärker als einst ist Pan in eine Umwelt eingebunden, die man Hirtenlandschaft nennen muß, und ist dort mit den Hirten vereint. Aber die Vorstellung von Landschaft ist nicht gleich geblieben durch die Jahrhunderte, der Sinn hat sich gewandelt. Natur und Landschaft waren den Griechen zu keiner Zeit das, was sie uns sind: eine Oase der Ruhe und Entspannung; liedbesungenes Objekt, in das wir seelische Empfindungen tragen, um sie naturverwoben wieder zu empfangen. Den frühen Griechen war Landschaft ein Ort, an dem sich etwas ereignet, ein Wirkfeld aller Tätigen. Bei Homer ist die troische Gegend nur der Schauplatz des Krieges, keine Landschaft. Und wenn Sophokles im ›Ödipus auf Kolonos‹ die attische Landschaft preist, so ist auch sie nur ein Teil der Handlung.

Dichter, wie Theokrit, reden viel von Natur und Landschaft, von Grotten und Höhlen, von Quellen unter schattigen Bäumen und kühlem Wasser. Sie nennen Tiere, Bäume und Pflanzen mit Namen. Sie preisen versteckte Orte, wo Hirtenvolk und Liebende sich treffen. Theokrit ist

66 Pan im Fellgewand. 340 v. Chr.

Städter und gebildeter Dichter, ihn reizten das Hirtenleben und das einfache Dasein, die sangeskundigen Hirten, die ihre Lieder in Wettgesängen vortrugen. Aber die bukolische Landschaft, die er vorführt, ist wirklich und gegenwärtig, kein fernes und unbetretbares Land. Was sich in der Landschaft ereignet, ist wirklich. Die Gegenstände sind sinnfällig und sachlich benannt. Man vernimmt in den Gedichten das säuselnde Rauschen der Pinien und das flüsternde Quellwasser.

Ein ähnlicher, wenngleich nicht so verinnerlichter Ton, geht von einer Relieftafel aus (Abb. 67), auf deren Fläche Natur ausgebreitet ist, in der Gestalten erscheinen. In einen Felsenberg führt eine Höhle hinein, die Höhle am Berg Parnes in Attika. Drinnen tanzen drei Quellnymphen an einer Quelle, deren Wasser ein Löwenkopf in ein Becken speit. Mit in der Grotte sitzt Acheloos, der Gott aller Flüsse und Quellen, Ursprung allen Wassers, mit einem Füllhorn, worin er Früchte birgt. Eine Ziege steht daneben und blickt sich um. Über der Grotte türmt sich der Berg Parnes auf, als dessen Gipfel Parnes selbst anwesend ist. An seinen Hängen steht eine Herme des Priapos, neben ihm spielt ein junger Hirt auf seiner Pfeife. Auf einem Felsstock kreuzt Pan auf, wie man ihn kennt, plötzlich, scheu, die Hand zur Ausschau erhoben. Die Felslandschaft wirkt und bereitet mit ihren Vor- und Rücksprüngen des Berges den Gestalten ihren Ort. In späteren Bildwerken ist der Grund eine tote Fläche und der Zusammenhang von Gestalten und Grund gelöst. Die Landschaft hört auf, ein Wirkfeld aller darin Tätigen zu sein.

Wenn bei Theokrit der Geißhirt Komatas und der Schafhirt Lakon sich im Hirtengesang einen Wettstreit liefern, nachdem sie sich gegenseitig des Diebstahls bezichtigt haben, dann geht es gewiß um den Sieg im Liederstreit. Aber viele Strophen lang wird um den Ort gestritten, wo

67 *Felsenhöhle: Löwenkopfwasserspeier, Becken, Nymphen und Acheloos,*
Ziege, darüber Priapos, Hirtenknabe, Parnes, Pan. 90 v. Chr.

er denn stattfinden soll. Der Schäfer weist auf seinen Platz
mit den Ölbäumen, der Wiese und dem kühlen Bach hin;
der Ziegenhirt preist den seinen mit den Eichen, dem kühlen Quellwasser und dem unvergleichlichen Schatten.
Landschaft ist kein Hintergrund eines Geschehens, sie
wirkt vielmehr in das Geschehen hinein, trägt bei, es zu
verdeutlichen, fügt dem Vorgang etwas hinzu. Das war des
Dichters Absicht und nicht die Schilderung einer Landschaft.

In der Landschaft dieser Zeit sind die Hirten und die
Herden von anderem Schlag als sie früher waren. Es brechen keine wilden Tiere ein, welche die Herde schlagen;
der Hirt braucht sich ihnen nicht entgegenzuwerfen. Die
Hirtendichtung kennt keine Löwen, keinen reißenden

95

Wolf und keine erschreckt fliehende Herde. So besteht keine Polarität zwischen friedlichen Herdentieren und gefährlichen Raubtieren, und der Hirt ist nicht besorgt. Hirten zanken untereinander, aber sie geraten nicht heftig aneinander wie der Schweinehirt Eumaios und der Ziegenhirt Melantheus auf dem Hof des Odysseus. Die Hirten sind roh und freundlich zugleich, wie eben Naturburschen sein können. Naturbursche, das Wort trifft auf alle früheren Hirten nicht zu, aber jetzt gilt das Wort. Es sind kecke Männer, die eine grobe Sprache sprechen, sich boshafte Wendungen zurufen und eindeutige Anspielungen auf die Ziegen machen, wenn sie sich trennen, am Abend, wenn der Hirtentag zu Ende ist und sie die Herden heimwärts treiben. Hirtenstreit bedeutet bei Theokrit keinen ernstlichen Zusammenstoß: es geht um die kleinen Zänkereien und Bosheiten, die in dem tagaus, tagein gleichbleibenden Hirtenleben aufkommen. Es verliert selbst ein alter Brauch seine drastischen Züge: Wenn in Arkadien die Jäger ohne Beute heimkehrten, dann geißelten sie das Bild des Pan – eine uralte Sitte, die sich lange gehalten hat. Auch bei Theokrit wird Pan gedroht: »Erfüllst du mir meine Bitte nicht, so sollst du dich mitten im Winter hoch auf dem Edonergebirge (Thrakien) nahe den Wassern des Hebros beim Sternbild des Bären ergehen und im Sommer die Herden am äthiopischen Erdrand auf den Blemyerhöhen weit hinterm Nile betreuen.« Die Drohung ist halb im Ernst, halb im Spaß gesagt. Ein scherzhaftes Gebet an Pan, keine ernsthafte Absicht steckt darin; nur eine Anspielung in der Drohung. Die Anspielung, nicht die Tat, kennzeichnet die Zeit.

Der Dichter redet die Hirten mit Namen an, aber sie sind keine handfesten Gestalten wie Eumaios und Melantheus in der ›Odyssee‹. Die Hirten sind ein eigenes Volk. Es hat sich eine Gemeinschaft der Hirten, ein Hir-

68 *Alter Hirte mit einem Lamm. 260 v. Chr.*

tenstand gebildet, vielleicht sogar aus dem Gegensatz zu
den reichen Herdenbesitzern. Zwei Bildwerke aus dem
Hirtenfeld: Da ist der alte Hirte (Abb. 68) mit dem Philo-
sophenkopf, der Hirtentasche und einem Lamm unterm
Arm. Mit der ganzen Wucht und Schwere seines gealterten
Körpers steht er gleichsam vor seiner Herde, gerückt ins
Zeitliche und Örtliche, und doch weist er über das Hirten-

69 *Hirtenbub zieht sich einen Dorn aus dem Fuß. 110 v. Chr.*

dasein hinaus. Das Alter, der Beruf, der Alltag haben ihn gezeichnet, und das liebt die Zeit vorzuführen. Der Hirte steht wirklich vor der Herde und ein Hirtenknabe, der beschäftigt ist, den Dorn aus dem Fuß zu ziehen (Abb. 69), hat wirklich Schmerzen. Ein alltägliches Vorkommnis hat sich als Thema verselbständigt, und es ist weder Zufall noch ein Einzelfall, daß Bildhauer eine solche Episode aufgreifen. Der gelassene und nachdenkliche Alte und der geschäftige Jugendliche – auch in diesem Gegensatz liegt für die Künstler der Zeit ein Anreiz zur Darstellung. Und der Bocksgeruch, der gehört zu beiden Hirten.

Hirtenlandschaft und Feld der Satyrn liegen nicht weit

70 *Satyr spielt die Querflöte.*   71 *Satyr mit Ziegenbock. Kopie,*
Kopie, Original 280 v. Chr.   *Original 140 v. Chr.*

voneinander. Ein Satyr spielt auf der Flöte (Abb. 70); ein anderer trägt das Dionysoskind auf der Schulter und neckt es; wieder ein anderer streift durch die Gegend und packt eine Ziege (Abb. 71). Ein Satyr fordert eine Nymphe zum Tanz auf (Abb. 72), sie zieht sich die hinderlichen Sandalen aus, um sich zum Rhythmus der Fußklapper mit »begeistertem Fuß« im Tanz zu drehen. »Aufforderung zum Tanz« ist der älteren Zeit fremd. Solche Themen führen in den Privatbereich und zeigen, was die Satyrn außerhalb

72 *Satyr fordert Mänade zum Tanz auf. Kopie, Original 130 v. Chr.*

des dionysischen Dienstes in ihrer »Freizeit« tun, aber gerade der Ausschnitt aus der Lebensart der Dionysosbegleiter hat es den Bildhauern angetan. Die Bilder bezeugen,
wie sich Satyrn und Hirten in ihrer Art und in den kleinen
Dingen des Alltags nähergekommen sind. Was ein Satyr
tut, könnte auch ein Hirt tun: er könnte die Flöte blasen,
den Knaben schultern, die Traube stehlen, ein Böcklein
mitnehmen, die Schäferin zum Tanz auffordern. Und dem
Aussehen nach ist der Satyr (Abb. 73), dessen Herz unter

73 Satyr mit umgehängtem Schweinsfell.
Kopie, Original 1. Jh. v. Chr.

dem Schweinsfell klopft, einem Hirtenknaben am ähnlich-
sten. Hirtenknabe und Hirtenmädchen treffen sich zu
einer leidenschaftlichen, aber flüchtigen Begegnung. Der
Schäfer neckt die Schäferin, sie nennt den Zudringlichen
»Satyrchen« (Theokrit).

Aber halten wir doch fest: nicht Nebensächliches wird
in diesen drei letzten Jahrhunderten vor der Jahrtausend-

wende zur Hauptsache, sondern das, was in diesem nebensächlichen Tun sich spiegelt: ganz neu entdeckte Bereiche des Satyr-, Hirten- und Menschenlebens werden sichtbar. Und Pan ist davon nicht ausgenommen.

Die Satyrn sind zivilisierte Burschen geworden und sind nicht mehr die Waldschrate von einst (Abb. 40). Manchen sitzen kleine Bockshörner auf der Stirn und hängen Zotteln der Ziege am Hals. Der Grund zu diesen und anderen Veränderungen liegt eben doch in der Wandlung der alten phallischen Kulte. Und sehen wir uns im Kreis der Wildniswesen und Dämonen um: Kentauren werfen die Ohren des Pferdes ab und nehmen die Spitzohren der Satyrn an; Giganten, Tritone, Windgötter übernehmen das Tierohr und bilden den Kreis der Naturwesen, die, in ihrer alten Personhaftigkeit abgeschwächt, als Verkörperung elementarer Naturmächte in einer Naturreligion mit pantheistischen Zügen weiterleben. Das ist Pans Umwelt. Und dazu gehört die Landschaft mit den Ulmen, Platanen, Pinien, mit Büschen und Kräutern, dem kühlen Quellwasser und dem Getier in den Zweigen, das die Menschen dieser Zeit so liebten, und die bevölkert ist mit Pan, Satyrn und Nymphen, Wanderern, Hirten und Herdentieren. Die Naturlandschaft wurde entdeckt und mit ihr Pan als ein Naturwesen in dieser Landschaft. Er ist darin, was er immer schon war, aber seine Tätigkeiten haben sich jetzt vermehrt, er ist Herdenbeschützer, Weidmann, Waldhüter, Vermehrer der Bienen, der Kräuter ... Ein Katalog von Merkmalen ließe sich zusammenstellen. Und unter dem Hirtenvolk ist er der große Protagonist, dem die Hirten mit ihren Flöten antworten.

Der Volksglaube und die Kunst in diesen drei Jahrhunderten haben dem im Lied besungenen rauhbeinigen, bocksgesichtigen Geißfuß den Vorrang eingeräumt: Pan erscheint tierischer als zuvor (Abb. 75, 76). Die Künstler der Zeit hatten eine besondere Vorliebe zum Charakteristischen, Ungewöhnlichen und Seltsamen und fanden in dem Tiergestaltigen viele Möglichkeiten seines Wesens.

Pan ist nicht die große, individuelle Einzelgestalt wie einst. »Beim Pan«, heißt es unzählige Male in der Dichtung, eine Redensart, die kein Anruf ist wie bei Pindar oder bei Sophokles, wenn der Chor im ›Aias‹ Pan auffordert zu kommen. Aber die Verbindung der Hirten zu Pan ist eng, die Distanz zwischen beiden in der frühen Zeit ist kleiner geworden. Viel ging dabei verloren: die Strenge der frühen Hirten und der große Schrecken, der von Pan ausging. Dafür sind sie einander näher gekommen, Pan und der Hirt, so nah, als gäbe es die Grenze zur Wildnis nicht mehr, als hausten sie beide im gleichen Gebüsch. Vernehmen wir das Epigramm der Dichterin Anyte aus Tegea über einen dankbaren Hirten: »Pan, dem struppigen Gesell, und den herdebeschirmenden Nymphen weihte am Berg hier der Hirt Theódotos dies als Geschenk, weil sie ihm, als er von Sommers verdörrenden Gluten erschöpft war, gütig mit eigener Hand köstliches Wasser gereicht.«

Die Weihgabe erfährt man nicht, und es ist auch gleichgültig, ob Theódotos nur eine Erfindung der Dichterin und das Epigramm keine Aufschrift auf einem wirklichen Weihgeschenk war. In den wenigen Versen entsteht ein Bild von der unbarmherzigen Sommerhitze und dem frischen Wasser, von dem freundlichen Pan und dem dankbaren Hirten.

Pan hat den Menschen dieser Zeit in ihrem Hang zum Wundersüchtigen und Wunderglauben viel bedeutet, bis hin zum Makedonenherrscher Antigonos Gonatas, der überzeugt war, daß Pan auch ihm geholfen hat, mit dem panischen Schrecken die Reihen der Kelten völlig durcheinander getrieben zu haben, in der Schlacht bei Lysimacheia (277 v. Chr.). Zum Dank an Pan ließ er Münzen

74 *Der Makedonenkönig Antigonos Gonatas*
mit Panshörnern auf der Stirn. 277 v. Chr.

prägen mit seinem Bildnis und den zwei Panhörnern auf
der Stirn (Abb. 74).

Daß Pan dem dionysischen Gefolge befreundet bleibt,
überrascht nicht, auch nicht eine Weihinschrift auf Thasos,
die Pan den »Scherz und Spiel liebenden Diener des Dionysos« nennt. Es mag dies eine sehr örtliche Vorstellung
sein, Pan so einzuschätzen und unterzuordnen, aber es ist
etwas Wahres daran. In der Gruppe mit Pan als Dornaus-
zieher (Abb. 75) ist die Rangstellung von Pan und Satyr sogar auf den Kopf gestellt. Pan, das göttliche Wesen, muß
einem Satyr den Dorn aus dem Fuß ziehen, wie es bei
Theokrit der hilfsbereite Kuhhirt Korydon dem Geißhirt
Battos besorgt. Pan nimmt seine Tätigkeit überaus ernst.
Um den Verwundeten von seinen Schmerzen zu befreien,
unternimmt er einen chirurgischen Eingriff. Neben dem

75 Pan zieht dem Satyr einen Dorn aus dem Fuß.
Kopie, Original 110 v. Chr.

Ernst der Angelegenheit, ein kleines Schauspiel auf einer
Hirtenbühne.

Pan ist mit Aphrodite zusammen (Abb. 76). Ein ungleiches Paar. Kein mythischer Hintergrund verbindet sie,
aber ein gedanklicher, der den zweideutigen Witz mit einbringt. Pan wirbt um sie. Es ist eine Werbung ohne Erfolg.
Sie schlägt dem Zudringlichen den Pantoffel auf den Kopf.

Pan lehrt den Hirtenknaben Daphnis die Handgriffe auf
der Syrinx (Abb. 77), dem Rinderhirten und Jäger aus Sizilien, der das bukolische Lied erfunden haben soll, das sogar die Nymphen verzauberte. Die Hirten Theokrits sahen
in ihm ihr Vorbild und beklagten seinen Tod. Als nämlich
Daphnis den Zorn der Aphrodite erregte durch die verwegene Behauptung, er widerstehe sogar der Macht des Eros,
vernichtete ihn die Göttin. Der schöne Daphnis und der
häßliche Pan, das allein war Grund für den Bildhauer, sie
zusammen darzustellen.

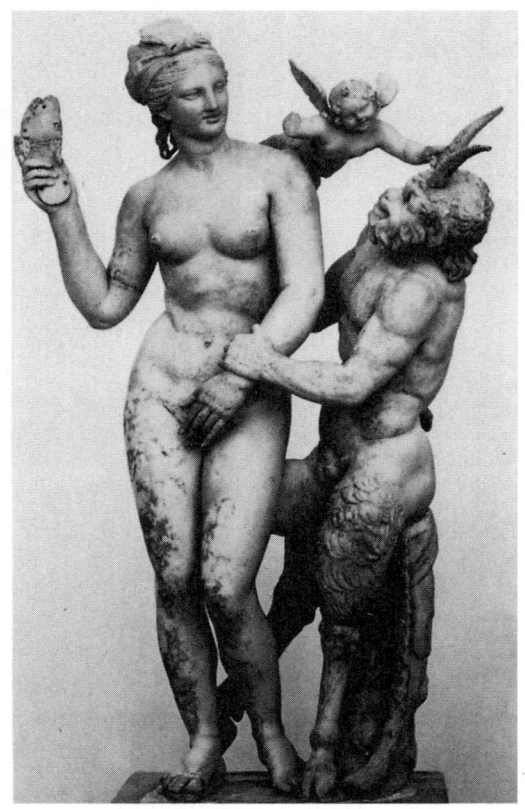

76 Aphrodite und Pan, Eros. 90 v. Chr.

Pan und eine Nymphe sitzen auf einem Felsen (Abb. 78).
Er hat seinen Arm um ihre Schultern gelegt. Sie waren
Nachbarn in gemeinsamer Grotte; er führte ihren Reigen
an oder spielte auf der Schalmei vor. Die Nymphe, Gespie-
lin der Natur, jugendlich und kokett, Pan alt. Das Vorbild
ist gewiß älter als seine Ausführung, aber die Verbindung
der beiden ist es nicht. Denn selbst im ersten vorchristli-
chen Jahrhundert war der Abstand von Figur zu Figur ge-

77 Pan lehrt Daphnis das Syrinxspiel. Kopie,
Original Ende I. Jh. v. Chr.

wahrt, jede zunächst in sich gestellt. Aus dem Gegenein-
ander zweier Gestalten ist ein Miteinander geworden. Eine mythische Begebenheit – und sei sie auch noch so un-
bedeutend – ist ins Sentimentale geglitten, und das ist
römisches Empfinden.

Bilder aus drei Jahrhunderten (mit Ausnahme Abb. 78)

78 *Pan und Nymphe. 2. Jh. n Chr.*

brachten kleine Spielereien, flüchtige Augenblicke, Anspielungen, Wagnisse, Versuche. Keine Darstellung wies über sich hinaus. Aber in keiner ist Mythisches und Alltägliches vermischt: es sind mythische Personen – Pan, die Nymphen, die Satyrn und Daphnis –, die den Alltag erfahren wie die Irdischen, und die wie diese handeln. Daß Pan und die anderen sozusagen irdischer handeln als früher,

79 Kopf des Pan. 300 v. Chr.

dafür liegen die Wurzeln in der Einsicht des Menschen in
seine eigenen inneren Befindlichkeiten und Möglichkeiten. Wer wollte da vom Verlust des Mythischen sprechen.

In diesen drei Jahrhunderten hat sich weder der Glaube
noch die Vorstellung der Menschen von diesem Gott geän-
dert, letzten Endes sind es Vorgänge in einem geistigen
Kraftfeld, in dem sich Pan und Wesenheiten des Kosmos
befinden. In diesem Bezugssystem steht auch der Mensch:
selbst dem Wandel unterworfen, ist er es doch, aus dessen
Erfahrungswelt und aus dessen Fragestellungen das Bild
des Pan entstanden ist. Die Frage nach der Ursache der

Veränderung hat mit schwindendem Glauben nichts zu tun, sie bleibt bis ans Ende des ersten Jahrhunderts doch vor allem eine anthropologische.

Fünf Panbildnisse und die anthropologische Frage: Ein jugendlicher Pan mit zwei kleinen Bockshörnern und Tierohren auf dem Kopf eines Hirtenknaben (Abb. 79). Drängendes ist ihm ins Gesicht geschrieben. Das Animalische steht auf gegen »Geist und Seele« und dennoch schließt sich die Form zu einer Einheit zusammen. Auf einem Felsen sitzt Pan, die Hand unters Kinn gestemmt (Abb. 80). Er sitzt nicht ruhig, es ist der stets Spähende und planlos schweifende Pan. In ihm steckt die Unruhe des Animalischen. Wie Pan auch erscheint, es ist doch der eine Pan. Die Formen der Zeit geben viele Möglichkeiten, Pan zu sehen. Eine Bronzefigur mit stark ausgeprägter Physis seiner Gestalt und dem erschreckenden Gesicht (Abb. 81): es ist der Pan, der überraschend an der Grenze der Wildnis zum Weideland auftaucht und Hirt und Herde in panischen Schrecken versetzt. Man schaut dem Pankopf (Abb. 82) ins Gesicht. Wir dringen nach tief innen, wo, ganz eingehüllt von der Masse des Kopfes, die Pankräfte schlummern, seinen Blick finden wir nicht.

Der letzte in der Reihe ist der Pan auf einem Metallgefäß des ersten Jahrhunderts v. Chr. (Abb. 83), vier Jahrhunderte nach dem Pan Polyklets (Abb. 50, 51). Er hat keinen Nachfolger, keinen Erben, er ist aufgebraucht. Das Unbegrenzte seines Wesens, das Pan ausmachte, erscheint in der Begrenzung und Endlichkeit des Kopfgerüstes. Die Bedrängnis von innen her trägt den Zwiespalt an die Oberfläche des gequälten Gesichts. In solchen Bildnissen, die dem Gott vom Ursprung nahe gekommen sind, ergreifen uns sein flackernder Blick und die Züge seines unruhigen Gesichts wie die eines bedrängten Menschen, die aus den Tiefen der Menschennatur hervorzubrechen scheinen.

80 *Pan auf einem Felsen sitzend. 220 v. Chr.*

Wenn die olympischen Götter sich versammeln, dann fehlt jene mächtige Gestalt mit dem Geißfuß, dem gehörnten Bockskopf und dem behaarten Körper, die so anschaulich in den Bildwerken, im griechischen Glauben so lebendig ist, die auch dann an Macht nicht verloren hat, als sie der Menschengestalt angenähert worden ist.

81 Pan mit Syrinx. 2. Jh. v. Chr.

Die Götter hatten ihre Herrschaftsbereiche und Aufgaben im Kosmos und waren Gottheiten der verschiedenen Schichten des Menschen. Kein olympischer Gott konnte das Geschlecht, die zeugende Kraft verkörpern. Es mußte ein Wesen aus der Wildnis sein, und es mußte ein Gott sein.

82 *Bocksköpfiger Pan. 80 v. Chr.*

Indem die Griechen Pan zum Gott erhoben, bezeugten sie den göttlichen Ursprung des Geschlechts, das der Macht des Gottes untersteht. Geschlecht ist ein Seinsbereich in der Welt und im Menschen. Pan ist der Gott des Geschlechts, nicht der Erotik, der Sexualität und der Konflikte. Pan ist ein unerotischer Gott. So steht Pan am Anfang und im Ursprung des Lebens. Sein Anspruch ist notwendig ein unbegrenzter.

Schauen wir den Bildnissen des Pan ins Gesicht und suchen seinen Blick zu erfassen: wie das Auge auch geformt ist, ob es halb geschlossen oder weit geöffnet ist, oder in einem menschengestaltigen Kopf ruht (Abb. 50, 51). Es gelingt nicht, den Blick zu fassen. Dieser Blick entzieht sich dem Suchenden. Er ist keines Menschen Blick, er ist der eines phallischen Wesens: er hat etwas Wirres und Irres. Als Pan geboren war, nannte ihn der Dichter ein lärmendes und lachendes Wesen. Sein Lachen ist keines Menschen Lachen. Es ist das phallische Lachen des Geschlechts.

Überdenken wir alles, um Pans Wesen zu verstehen. Seine scheue Art, sein zielloses Schweifen in der Natur, sein ruheloses Leben, das keinen festen Ort hat, die Unruhe des Geschlechts, die ihn treibt, begründen sein Wesen. Im Phallischen haben auch das Tänzerische und sein Hang zur Musik ihre Wurzeln. Der geselligste unter den Göttern ist auch der einsamste.

Wir sind den Wegen Pans gefolgt, seine Gestalt stand vor uns. Der stumme Begleiter war der Mensch. Was in diesem vor sich ging, aus dessen Erfahrungen und Einsichten Pans Bildnisse entstanden sind, das war die stets gegenwärtige Frage. Mit dem letzten Pan (Abb. 83) schließt ein Kapitel anthropologischer Aussage über den Gott Pan.

Es ist rechtens, hier innezuhalten, bevor Pan auf den Wänden Pompejis erscheint, vor Vergils Traum von Arkadien und Pan. Die bildende Kunst und die römische Dichtung haben Pan in vielfacher Gestalt aufgenommen, nicht ohne seinen Zauber zu vergessen. Aber er war nicht mehr das, was er einst war, ein Seiender, der nichts bedeutet, sondern der *ist*. Als die Spannung in der Gestalt des Pan sich gelöst hatte, blieben die Merkmale seines Äußeren, die Bocksbeine und die Bockshörner auf dem knochigen Schädel zurück. In dieser Gestalt war er, auf einer niederen Stufe, in Situationen und Abenteuer verwickelt. Als schließlich aus Pan die Macht überhaupt genommen war, war Raum gegeben zu Um- und Neudeutungen dieses einst so mächtigen Gottes.

Vergils Traum: Arkadien nach Rom verlegt, ausgestattet

83 *Bocksköpfiger Pan. 50 v. Chr.*

mit allen Annehmlichkeiten und doch weit weg vom römischen Alltag in einer »heilen Welt«; bukolisches Leben mit Pan im Wunschland des Städters, der des Betriebes überdrüssig, der Politik müde, in Sehnsucht nach dem Einfachen und Primitiven schwelgt. Arkadien: wo der Dichter an der Quelle im Hain die Inspiration empfängt, der Mensch ohne Drangsale und Fesseln frei sich entfalten kann; ewiger Frühling in unwirklicher Umgebung und

Pan unter fremdem Stern – ein höheres, nicht betretbares Arkadien und ein unwirklicher Pan. Wo liegt dieses Arkadien? Irgendwo und nirgendwo.

Es war zu Zeiten des römischen Kaisers Tiberius, da ging die seltsame Geschichte vom Tod des großen Pan um. Als griechische Schiffer auf dem Weg von Griechenland nach Sizilien an den Eilanden Paxos und Propaxos vorbeifuhren, da hörten sie den Schrei »Der große Pan ist tot!«, und sie hörten eine Stimme, die den Steuermann Tamuz rief. Als der Name zum dritten Mal gerufen wurde, antwortete Tamuz. Da sagte die Stimme: »Wenn du auf die Höhe von Palodes kommst, so verkünde die Nachricht.« Als das Schiff sich Palodes näherte, rief Tamuz: »Der große Pan ist tot!« Da kam ein lautes, mit Staunen vermischtes Seufzen wie von vielen Stimmen getragen übers Meer, und es entstand eine ungeheure Leere. Ist es ein Schiffermärchen? Oder war es ein Hörfehler? Ist der arkadische Pan gemeint? Die Geschichte ist so rätselhaft, daß noch niemand etwas Einleuchtendes darüber zu sagen wußte.

Pans Wiederkehr. – Ist denn der Boden bereitet zu seinem Kommen? Am Anfang war die Wildnis mit dem Überschuß an Wachstum und Fruchtbarkeit. Als Siedler in ein Land kamen, trafen sie auf die Wildnis. Als sie ein Dorf gründeten und dieses mit einem Schutzwall umgaben, schnitten sie ihren Anteil aus der Wildnis heraus. Als sie Furchen durch unbearbeiteten Boden zogen, nahmen sie der Wildnis Land weg und schufen Ackerland. Und die Grenze wurde immer tiefer in den Wildwuchs hineingetragen. Aber im Laufe der Jahrtausende mußten die Marksteine auch im Ackerland, wie unter einem Zwang, enger zusammenrücken. Tief in das vermessene und bebaute Land drängen Häuser, Straßen, Fabriken ... und fordern noch mehr bebaute Felder und tragen Materialien hinein, die keine Materie sind und nur schwer wieder weichen, sollten sie doch einmal nichtsnutzig, oder der Mensch ihrer überdrüssig geworden sein.

Der literarische Pan ist nicht der Wiederkehrende, nicht der Pan als Symbolfigur, nicht der Pan der Humanisten und deren Nostalgie, nicht der Pan, der manchem ein Witzbold ist. Nicht der Pan als Hirt und Jäger, Musiker und Tänzer, der ein Wesen voll Frohsinn war, der der Seins- und Wirklichkeitswelt angehörte: der war eine echt griechische Schöpfung.

Aber der Pan der anthropologischen Fragestellung, der am Ursprung des Lebens steht, Pan, der als Gott den großen Machtbereich des Geschlechts vertritt, der braucht kein Arkadien und keine Wildnis, überhaupt keinen Ort, der kann wiederkehren. Überall dort, wo anthropologisch gedacht und gefragt wird, taucht die konkrete Gestalt des Pan auf.

Die Neuzeit hat den Mythos aus dem Denken verwiesen und bezieht Erkenntnis aus Wissenschaft und Ratio. Wenn sich der Drang, alles zu zerlegen und zu erklären, einmal gelegt haben und der Mensch wieder als eine Einheit erlebt werden sollte und dann dem Geschlecht sein Geheimnis und das Unerklärbare wieder zugesprochen würde – kehrt Pan wieder als offenbares Geheimnis in einer vermeintlich aufgeklärten Welt.

Abbildungsverzeichnis

Religion und Theologie

Who's who bei <u>dtv</u>

Von Ariel und Asterix bis Zeus und Zacharias

Who's who in der Oper
Von Silke Leopold und
Robert Maschka
<u>dtv</u>/Bärenreiter 32530
Ein Abc der Opernfiguren
aus vier Jahrhunderten,
von Monteverdi bis Orff.

Who's who im Comic
Von Jürgen Kagelmann
<u>dtv</u> 32531
Ein Nachschlagewerk für
alle Comicfans und solche,
die es werden wollen.

Who's who der Tiere
Von Rudolf Schenda
<u>dtv</u> 32532
Mythen, Märchen und
Geschichten über hundert
wilde und zahme Tiere.

Who's who bei Shakespeare
Von Rolf Vollmann
<u>dtv</u> 32533
Unterhaltsame Informationen zu Romeo, Julia
und allen anderen.

Who's who in der antiken Mythologie
Von Gerhard Fink
<u>dtv</u> 32534
Wissenswertes über 800
Figuren aus der Antike.

Who's who bei Goethe
Von Michael Lösch
<u>dtv</u> 32535
Was das Werk Goethes im
Innersten zusammenhält:
Alles über die wichtigen
Figuren und die Rollen, die
sie spielen.

Who's who in der Bibel
Von Peter Calvocoressi
<u>dtv</u> 32536
Die Geschichten von mehr
als 450 Gestalten aus dem
Alten und Neuen Testament sowie den Apokryphen.

Who's who im Märchen
Von Ulf Diederichs
<u>dtv</u> 32537
Ein Lexikon der Märchengestalten – die Geschichten, Deutungen und Parallelen zu anderen Märchentraditionen.

Who's who der Vornamen
Von Ernö und
Renate Zeltner
<u>dtv</u> 32538
Erläuterungen zu zahlreichen Frauen- und Männernamen und darüber, wer
ihnen Ehre gemacht oder
Schande bereitet hat.

Der Kleine Pauly
Lexikon der Antike

**Das klassische
Nachschlagewerk
in fünf Bänden**

dtv 5963

Dieses vielseitige Lexikon reicht von der Vor- und Frühgeschichte bis zum Weiterleben der Antike, von Mythen und Sagen bis zu den Kirchenvätern. Artikel zur Rechtswissenschaft, zur Tier- und Pflanzenkunde, zur vergleichenden Sprachforschung, zur Musik und zur Mathematik runden das Standardwerk ab.

Auf der Grundlage von ›Pauly's Realencyclopädie der classischen Altertumswissenschaft‹ bearbeitet und herausgegeben von Konrat Ziegler, Walther Sontheimer und Hans Gärtner.

5 Bände mit Abbildungen und Karten, 12700 Stichwörtern und zahlreichen Literaturangaben.

»Niemals wird der Benutzer mit trockenen Zusammenstellungen oder Literaturhinweisen abgespeist:
jeder Beitrag ist ein lebendig geschriebener
Forschungsbericht.«
Die Welt

Egon Friedell im dtv

»Ein Kompendium an Weisheit und Einsicht,
an historischer Klugheit und dichterischer Inspiration,
an stilistischer Bravour, fachwissenschaftlicher
Genauigkeit und aller Freiheit der Phantasie.«
Saarländischer Rundfunk

Kulturgeschichte Griechenlands
dtv 30084

Kulturgeschichte der Neuzeit
In zwei Bänden
dtv 30061 und dtv 30062

Egon Friedell (1878–1938) studierte Philosophie und Ger-
manistik und war als Theaterkritiker, Schriftsteller,
Schauspieler und Feuilletonist tätig. Berühmt machte ihn
die ›Kulturgeschichte der Neuzeit‹, die von 1927–1931 er-
schien. Von einer geplanten ›Kulturgeschichte des Altertums‹
wurde 1937 die ›Kulturgeschichte Ägyptens und des alten
Orients‹ veröffentlicht und – im besetzten Norwegen –
1940 die ›Kulturgeschichte Griechenlands‹.

»Friedell hält von den Geschehnissen einer Epoche jene des
Erzählens und Durchleuchtens wert, in denen das Kräfte-
spiel offenbar wird, das zu organisieren und auszutragen
uns heute als der geschichtliche Sinn einer Epoche erscheint.
Wo das Beglaubigte, das geschichtlich Sichere nicht aus-
reichte, seine Interpretationen des Gewesenen zu stützen,
verbreitete er die Stütze durch Einschmelzung des Wahr-
scheinlichen in das Sichere. Friedells Wahrscheinlichkeiten
sind verführerisch. Sie bezeugen schöpferische Einbildungs-
kraft und psychologischenSpürsinn.«
Alfred Polgar